# 心的经典 ——心 经 新 释——

圣严法师 著

# 自序

我在台北及纽约两地，已于不同的场合，先后讲过四次《心经》，讲出的方式也不一样。最初于农禅寺讲出，它的录音带不久就以有声书型态流通。

本书：

（一）心经禅解——讲于纽约东初禅寺，听众人数较少，程度却相当平均，所以比较着重于佛学思想及禅观，同时也对经文逐句地解释，必要时也征引了诸大、小乘经论，便利于新学者的禅修练习，也可做为演讲《心经》的参考。

（二）心经讲记——讲于农禅寺，除了依照传统讲经方式，以序分、正宗分、流通分而逐句解说，并依经文标示出佛教的宇宙观、人类观、人的三世因果观、菩萨及佛的境界；层次分明，内容也相当扎实，有助于学人做义理的探究。

（三）心经实践——讲于台北国父纪念馆，一连三晚，每场都有三、四千位听众，所以讲得比较通俗而更生活化些，有利于日常生活中应用。

《心经》是三藏圣典中流传最广，被人持诵讲解最多的一部大乘经典，虽仅二百六十个汉字，含义丰富，译笔精简流畅而优美。其内容既浅又深，以基本原始的佛法为底子，以大乘空义的佛法为灵魂，真是遇浅即浅、逢深则深的好经。可以把它当作正知正见的佛法概论来持诵、来阅读、来研究。

《心经》的汉译工作，先后共有十一次，现被收集于《大正藏》第八册的即有八种。另外在《摩诃般若波罗蜜经》卷一、《大般若经》卷四及四〇三，均有与《心经》内容大致相同的经文。译笔最流畅简洁的是玄奘大师，古来僧俗大德们读诵讲解的，也就是玄奘大师手译的《心经》，我也不能例外。

为了便利初学者的运用查考，辑成本书之后特别将诸种异译本，搜集了加上新式标点，附于本书之末。其中有的译本文字内容略有不顺，但是对照各种异译，能使我们对于《心经》内容的理解，等于多配了几副开拓视野的眼镜。

最后要向为本书整理录音成为文稿，以及替我抄写清稿和校对出版的诸位僧俗弟子致谢。

一九九五年十二月七日圣严序于纽约

# 目录

第一篇

# 心经禅解

## 一、前言

《心经》，通称为《般若心经》，乃是整个大乘佛教的心要，也是大乘佛法中般若思想的中心，它也是《般若经》的中心。

据印顺法师〈般若波罗蜜多心经讲记〉说："在六百卷的《般若经》里，在〈学观品〉有与本经几乎完全相同的文句，不但不是观自在菩萨所说，而是佛直接向舍利子所说的。"据先师东初老人的《般若心经思想史》说，在《大般若经》的第二会第二分〈观照品〉第三之二，以及其异译《大品般若经》的〈习应品〉第三的一段，颇与《心经》类似。

《心经》的七种汉译本：

（一）《摩诃般若波罗蜜大明咒经》姚秦．鸠摩罗什译

（二）《般若波罗蜜多心经》唐．玄奘译

（三）《普遍智藏般若波罗蜜多心经》唐．摩竭提三藏法月译

（四）《般若波罗蜜多心经》唐．般若共利言等译

（五）《般若波罗蜜多心经》唐．智慧轮译

（六）《佛说圣佛母般若波罗蜜多心经》宋．施护译

（七）《般若波罗蜜多心经》（敦煌石室本）唐．法成译

以上七译，现均搜集于《大正新修大藏经》第八册。一般流行读诵的是第二种玄奘所译本，最简明扼要，共二百六十字。《心经》的注释书极多，在《卍续藏》所收者，达五十七种，现代的许多僧俗大德，也几乎人人都能讲《心经》，在《大正藏》第八册中，也收有玄奘三藏亲自教授的梵文《心经》的音译。

《心经》是《大般若经》中的一小段，《大般若经》译成中文的部分虽然和《心经》很像，但并不完全一样。目前我们持诵的《心经》最后一段的咒，在《大

般若经》中就没有。

《心经》是通摄大、小三乘法的总纲，可以当作佛法概论来看。

佛经中教授修行的方法有三：1. 持戒，2. 修定，3. 修慧。持戒与修定须以般若智慧来指导。如果没有智慧的指导，持戒就如同一般的好人、善人，不一定是学佛的人；而且修定的工夫和力量，也跟一般外道的修行没有两样。行菩萨道的人没有智慧，就不是菩萨，凡夫和菩萨之所以不同，就是在于智慧的有无。

佛法的精粹在于智慧，离开智慧讲佛法，只是世间的知识和学问。释迦牟尼佛成佛之后所说的法，都是由智慧产生的，而说法的目的，是希望听闻佛法的人，能经由他所传的修行方法得到智慧，只有得到智慧后，才能得到真正的解脱与自在。所以佛法是从智慧产生，同时也能帮助人产生智慧，达到开悟的境界。因此《心经》就是智慧的经典。

以理解的态度和方法看佛经，得到的只是知识，不是无漏的智慧。研究佛经的学者及专家，可以把佛经讲解得十分详尽，但自己本身并不一定能够从中得到无我无相的智慧。只有以体验的态度来看佛经，无着的智慧才会自然地成长。

中国的禅宗以及后来传入日本、韩国的禅宗，特别重视智慧，因此十分重视《心经》及《金刚经》。由于《金刚经》比较长，不易时时诵念；《心经》经文简短，所以在中国、日本、韩国的丛林及修行道场，每日都会在不同的场合持诵。《心经》是禅修者的修行指导经典之一，不仅是用来理解的，因此我参以禅修的角度来为东初禅寺禅坐会的大众解释《心经》。

## 二、智慧度苦厄

#### 般若波罗蜜多心经

"般若"梵文 prajñā 的意思是智慧，《六祖坛经》中说"即定即慧"。定是慧的体，慧是定的用。也就是说：有定的时候一定有慧；有慧的时候一定有定，定是智慧的基础，智慧是定的作用。定、慧同时产生，是禅宗的立场及观点，定、慧产生以后，戒已在其中了；真正出现清净智慧的人，也就是得道的人，一定不会犯戒的。

　　波罗蜜多是出离、超越、解脱的意思，就是离开烦恼和苦，也就是超越烦恼和苦。整句来说就是：有智慧就能从烦恼及苦的此岸，到达没有烦恼、永远快乐、自由自在的彼岸。

　　大乘佛教中的六波罗蜜是：布施、持戒、忍辱、精进、禅定、智慧，是以前五种的修行达到第六种智慧的目的。六波罗蜜又称六度，"度"是超越苦及烦恼的意思。以佛的智慧做为修行的指导原则，才能超越苦及烦恼，达到解脱的目的。《般若波罗蜜多心经》，就是以简短的经文，教导我们般若的重要性及其产生的方法和道理，所以称之为《心经》。


　　观自在菩萨


## 菩萨

　　菩萨是发了菩提心，以慈悲广度众生的人。菩萨不自私、不为自己考虑；广度众生是为了成就佛道，并且感谢众生而不求回报；鼓励众生努力行善，自己也参与其中，才是真正的菩萨。

　　一个禅的修行者必须先发菩提心，修行是为了使众生得到利益。这最初、最早所发的菩提心，叫作初发心，发了此心，就希望永不退转，一旦有了退心，也要再回到初发心。如果一个修行人没有发菩提心，修行不会得力，容易着魔，对其身心都有损害。所以在修行的过程中，我们强调要放下自己的自私心、追求心、逃避心，以及期待心，才会真正得到修道的利益。

菩萨要断烦恼，增长智慧，不能仅靠打坐，要努力广度众生，智慧的增长才踏实。仅靠打坐，仅以禅定的力量产生的智慧，在遇到复杂的人际关系时，便产生不了应对的力量。唯有以实际的磨炼，面对各种善恶不同、形形色色的众生，所得到的智慧才踏实而因应有方，这才是菩萨的智慧。所以菩萨于六波罗蜜中特别重视精进和智慧，精进才能断自己的烦恼，产生了智慧，才能广度众生。

精进波罗蜜是以自利利他、广度众生为第一，精进度众生的方法有四：1.已造的恶业赶快断，2.未造的恶业永不造，3.未生的善业赶快生，4.已生的善业要增长。前两点是使众生离苦，因为造恶业会得苦果，后两点是使众生得福报及安乐。这四个方法加起来就是"慈悲"；悲心使众生离苦，慈心使众生快乐。悲能拔苦，慈能与乐，就是慈悲，没有慈悲心不能称之为菩萨。

## 自在

自在是不受影响，不考虑自己的得失、利害。

以菩提心修行，以慈悲心广度众生，就是自在。一个能自在的人一定有真正的智慧，如此才能到达解脱的彼岸。

许多人希望得到自在、得到解脱后再广度众生，这是不太正确的；只考虑自己本身的利益，反而不能得自在、解脱。唯有放下自身利益的考量，以慈悲心广度众生，才能得真正的自在解脱。

菩萨或大乘的修行人，做任何事都要干净利落，不要拖泥带水。受施时就坦然接受，以广度众生为回报。布施时就慨然布施，不求回报。不考虑自己的利益、损失，只是勇往直前地去做对众生有益的事，如此就能得到自在的利益。

## 观自在

观世音菩萨的梵文 Avalokiteśvara，翻译成中文叫观世音或观音。观自在就是把观音的法门修行成功了的功能。观音菩萨先是以耳根听外来的声音；再向内听，听无声之声，达到六根互用、六根清净，对其境界不产生执着，所以叫作观自在。

任何修行的方法都叫观，有对外观及对内观，也可直接观空、观无。此处的"行深般若波罗蜜多"是观空、观无、观不动性。观是要通过六根用心来观。譬如，观呼吸是我们的身体在呼吸，但是要用我们的心来观；做不净观，观的对象是皮囊身体，但还是要用心来观。所以虽然是以六根加六尘做为观的对象，但实际上一定是用六识的心在观。也有用心观心，像猫捉老鼠的修行方法，看看自己的妄念而不用六根六尘。没有身体的人是无法修行的，在三界之内的众生，只有人可以修行，虽有部分神道、天道、鬼道、畜生道的众生能听法，也能接受佛法，但因为六根不具足，力量用不上，所以不能修行，故说"人身难得"，应要好好珍惜。

修观一定要用六识、六根、六尘。就是参禅、参公案、参话头，也要用到六根。大菩萨没有一定的身体，却由于处处都是他的身体，也无一物是他的身体，所以能够观自在。

观自在的意思有二：一是对自己已度一切苦厄，已经修行成功了；二是无处在无处不在，无处不能顾到众生。《心经》中所讲的观自在是第一种意思。

　　行深般若波罗蜜多时

## 深般若

　　般若的本身就是智慧、清净、远离、明等的意思。

　　初得无生法忍、初证无漏智慧的菩萨，已有般若，已能超越生死海，拔除惑、智二障，这与世间哲学家所谓的智慧并不相同，故将菩萨的智慧叫深般若。哲学思想的世俗思辨是俗谛，不生不灭的第一义谛，即是深般若的胜义谛。

　　《般若经》中弟子问佛，般若的"深奥"是什么意思？般若就是空，就是无相、无愿、不生不灭。

　　"空"——由因缘所生的一切法，一定是毕竟空，从因缘观来看，一切现象都是空的。因缘生，因缘灭；此生故彼生，此灭故彼灭。生起时是暂时的现象，在生起的当时就在转变，而终归于空无。从有到无，从无到有，本身就是假的，所以是空。空的意思就是假的，假的原因是因缘，而一切法皆是由因缘而生。从修行因缘观所得到的结果就是空。

"无相"——《金刚经》及《六祖坛经》都提到无相。相是指心相及物相，这两种现象都是由于人在执着、分别。执着就是有相，就会不自在，不执着就是无相，就是自在。《金刚经》及《六祖坛经》中都说无相，是虽然什么都有，但不执着，就是无相。

"无愿"——菩萨发愿成佛，发愿度众生，发这无上菩提心就是"愿"。一切佛之所以能成佛，一定是先发愿。我们因为是凡夫，所以每日念〈四弘誓愿〉及〈普贤菩萨十大愿〉。得到了深般若就不用念了，因为动者恒动，静者恒静，不用发愿，恒在愿中行其本愿。到了无愿的境界才真正地自在；有愿时，时时在念着要度众生，已经度了众生，心中还有自我存在。得神通的人能通行无阻，好似自在，但这是相对的自在，不是绝对的自在，只有已行深般若的菩萨，才得绝对的自在，没有要度的众生及有众生可度的念头。有愿时自我还在，不管是客观的、主观的、自利的、利他的，只要有众生可度，"我"一定是相对存在的。

自在的人，不等于不存在，诸佛菩萨不执着，得自在，虽然无愿，但是有智慧，当智慧对自己发生作用时，就是得自在解脱的因；当智慧对众生有帮助时，就变成帮助众生得自在的力量。

凡夫观空并不等于亲证空性。小乘阿罗汉证空性，但仅空"人我"，而未空"法我"，能证人、法二空，一定是大乘菩萨所见的不生不灭。

# 行

行就是用的意思，菩萨能成为菩萨，是因为有智慧，当智慧产生作用时就是行。

## 波罗蜜多

"波罗蜜多"的梵文是 pāramitā，意思是度、到彼岸、度无极、事究竟、超越。

一个能自在的人，一定是有真正的般若，也就是智慧，如此才能达到自在、解脱的彼岸，就是度脱、就是超越、就是波罗蜜多的意思。

照见五蕴皆空

智慧不产生作用时，菩萨和众生是一样的；智慧产生作用时，对菩萨自己来讲是断除一切烦恼，对众生来讲是菩萨普度一切众生。

智慧的产生分成四个层次：闻、思、修、证。首先要听闻佛法及修行的方法，以正知正见做为指导，确实修行才能证得五蕴皆空，产生智慧。

闻、思、修、证，也可以说成闻、修、思、证。思是修的一部分，思是指修观行，是思惟的意思，不是思想的思。修行有散心修与专心修，专心修才叫作思惟。有修才能证，《楞严经》上认为思辨可以产生智慧。在印度及西藏佛教有一派学者就是主张以辩论的方法产生智慧，不一定要修禅定。我是以禅修的观点来解释闻、思、修、证。是以藏传佛教的《菩提道次第广论》及南传佛教《清净道论》为依据。

菩萨是以闻、思、修而证得五蕴皆空的境界，一切智显现而得解脱；以根本智产生的力量，以无量法门帮助众生，使众生得解脱，这是道种智的功能；能尽知诸法自度度他，是一切种智。

## 五蕴

五蕴中的色，是物质的；受、想、行、识，是精神的。五蕴是构成我们世间每一个人的必要因素。

色——就是地、水、火、风，总称四大。包括我们物质的身体及身体所处的环境。

受——感受的意思。

想——判断。

行——判断后如何处理。

由于受、想、行这三个心理活动，能推动我们的身体行为及言语行为。

识——以"受"、"想"、"行"的心理活动，操作物质的"色"身，以物质的"色"身和"受"、"想"、"行"的心理作用合一，就产生了第五蕴的"识"。

如果没有识蕴只有前面四个蕴，就成了唯物论，识蕴是生命的主体，从过去生到这一生，从这一生到来生，都是靠它。而前四蕴的活动所产生的业力的结果就是识蕴。它是"去后来先做主翁"，投生时它先来，死亡时它最后走，然后到另外一生去投生，也是它先到。至于植物人病患，他的色蕴及识蕴还在，只是丧失了受、想、行三蕴的功能。

大乘的菩萨、小乘的阿罗汉、一般的凡夫，各以不同的层次看五蕴。

（一）大乘的菩萨：以如实空的立场看五蕴。对五蕴构成的我，不起执着，对个别的五蕴现象也不执着，所以可以不恋生死，也不怕活在生死中。既然不贪着五蕴也不厌恶五蕴，所以在生死中继续度众生，不必逃离生死。

（二）小乘的阿罗汉：以分析空的立场看五蕴，由五蕴构成的我是空的，五蕴本身是法，其个别的五蕴并不空。所以也难从五蕴组合成的自我得到解脱，但是个别的五蕴法还在，我执消除而法执仍在，故非究竟。

（三）一般的凡夫：不论知不知道有五蕴，但是五蕴构成的我是在运作，而且事实上处处在对五蕴生起我的执着，所以不知五蕴皆空。

多数的凡夫，根本不知道五蕴组成的我是空的，即使在观念上知道是空，事实上烦恼及执着还在，一般人在世界上，每日在贪、瞋、痴、慢、疑中生活，对身外的事物有要追求的、放弃的、喜爱的、厌恶的感觉。对自身也有骄傲、自卑、没有安全感，这都是不知五蕴皆空，五蕴组合的自我也是空。如果能以小乘的慧眼来离我执，菩萨的法眼来离我、法二执，便是般若的功能，菩萨的法眼便是般若。

凡夫也可以用五停心观中的十八界分别观及因缘观，在《楞严经》中称为二十五圆通法门，即是二十五种观法，也都以五蕴的身心为基础。若以五蕴配十八界，则色蕴中有四大，包括身体的六根、外在环境的六尘、心理现象的六识，加起来便是十八界。

因此，不论是《楞严经》二十五种圆通法门的菩萨禅观，或是五停心的基础禅观，都不会与五蕴无我、五蕴皆空的禅修方法相违。

## 空

"空"的梵文 śūnyatā 是对"有"的否定，但又不同于虚无论的断灭见。

空的意思，在原始佛教，便是从生灭现象的观照而发明的。所谓此生故彼生：烦恼起，生、老、病、死生；此灭故彼灭：烦恼灭，生、老、病、死灭。有生有灭，生灭无常，便是空。

大乘中观的空义，是依龙树菩萨《中观论》所持的见解为准，该论〈观四谛品〉有二偈，相当重要。

以有空义故，一切法得成；

若无空义者，一切则不成。

这明言空义，能成就一切法，若无空义，一切法都不得成就。空是无碍无阻义，如果遇到任何阻力，便表示自心中尚未能实证空义，也未能以般若智慧来照见诸法似有而实空。什么原因呢？则另有一偈云：

众因缘生法，我说即是无；
亦为是假名，亦是中道义。

此与原始佛教所说"此生故彼生，此灭故彼灭"的道理相同，凡是因缘合成的现象，自性皆是空的，不仅自性空，此空也是空。说诸法是有，是有的假名；离开有、无二边，即是中道，即是《般若经》所说的空义。

舍离有、无二边，也不执持中间，才是真正的中道实相的空义，空中无有相，也无无相，所以空义能成一切法，也能破一切执着相。

## 照见

"照"是观察，"见"是体验，以甚深的般若智慧，观照体验五蕴等一切诸法的自性皆空。以般若的角度来看世间现象，空与有是相反相成的，看似矛盾而实际统一，且又是超越的。

## 度一切苦厄

# 苦

"苦"的梵文 duḥkha，是身心受到逼恼而感到不安的状态。进一步则是有漏皆苦。

苦和厄不一样，苦是痛苦、辛苦；厄是危险、灾难。

苦和痛不一样，有痛不一定苦，有苦不一定痛。苦主要是精神层面的。痛主要是生理的，若不愿接受，会产生苦的感觉。贫穷的人，因为贫穷不是自己选择的，心中不平衡会觉得苦，出家人比贫穷人还穷，由于是自己选择的，所以甘之如饴。在同一个环境，相同的状况中，由于各人心境与福报不一样，感受的苦与不苦也不同。

在佛经中把苦分成三类：

（一）生理的苦——生、老、病、死。生之苦我们都经验过，但都不记得了。生之苦不仅仅是从娘胎出生之苦，也有生存之苦的意思。事实上生存的过程就是一种苦的感受，我们的身体每一分钟都在变，细胞在生灭，生命也在变化。生了之后就开始老，如同由新变旧，生命结束以前的每一秒钟，都是老的过程，有些年轻的生命也会死亡，从出生至死亡，天天都在老去。

（二）心理的苦——生、住、异、灭，是精神的苦。包括了求不得苦、爱别离苦、怨憎会苦。

（三）五蕴炽盛苦——生理及心理二种形成的生命过程，这一生到下一生，一生一生永远在五蕴的生死中打滚，我们都不容易察觉五蕴是那么炽盛的、永远在生死中流转。

前两种生理及心理的苦都是从五蕴产生的，如果以深般若的无漏智来观照五蕴皆空，就不会苦，也能超越一切苦，因为一切都和五蕴有关，有五蕴就会产生生理的苦及心理的苦。


## 厄

"厄"是困顿、纠缠、限制、拘束、遇邪、遭魔、受害等，故以灾难称厄运。

对凡夫来讲，有厄一定有苦；对圣人来说，有厄不一定苦。在日常生活中所面临的危险，有些是我们自己造成的，有些是自然环境及社会环境带来的，例如天灾、人祸、意外灾难等等。

修行人在修行时一定要先把对于身体的执着放下，再放下心理的妄念，当心理及生理的自我都放下时，就是五蕴皆空，虽然还不能度一切苦厄，但是在这一刻就是在禅悦及法喜之中。证得五蕴皆空后，身体还在，由于智慧具足，对于一切的苦难及灾难，都不会产生那是苦厄的感受了。

## 三、观诸法皆空

> 舍利子！色不异空，空不异色；色即是空，空即是色；受、想、行、识，亦复如是

### 舍利子

是一个人的名字，也就是舍利弗（梵文Śāriputra），是佛的十大弟子中智慧第一，《心经》是以舍利弗为听众代表而说的；如同《金刚经》是解空第

一的须菩提为请法的代表而说的。

## 色不异空，空不异色

色是物质现象，包括地、水、火、风的四大类物质元素。人的肉体称为色身。有颜色的红、黄、蓝、白、黑等，有形状的长、短、方、圆、大、小等，有粗大的物体如全宇宙的天体，有细微的物体如极微尘，有可用形象表现的物质，称为有表色法，有无法用形象表示但是确实存在的能量，称为无表色法。《心经》所讲的色，主要是指人的身体。

空是对有而说，亦即是无的意思，但是空义更为广大活泼。"色不异空"是说，一切物质现象，皆不离成、住、坏、空的四态；肉体的生命，不离生、老、病、死的四苦。临时有而终归空，从空而有还原为空，现象虽有而自性是空。"空不异色"是说，一切物质现象，虽然自性皆空，却又不妨碍因缘而有。凡夫爱有而惧空，大菩萨们，见有不贪爱，见空不恐惧。因为有色不异空的无色，空的无色不异有色，当空则空，当有则有，平等自在，心无牵挂。

## 色即是空，空即是色

空不能离开五蕴，五蕴本身就是空。

色是物质现象，存在于空中，由于有空，色的物质现象，才能经常变化及变换它们的位置、形象、关系，所以感觉到有这么许多东西存在。

这个世界的存在，没有不变化及不移动的东西，我们人的色身，有生、老、病、死，会老化、会消失。地球和地球外的太空，及星球彼此之间也有互动的关系，也是不断地在老化，不是永远独立存在。因为有变化才晓得它的存在，这就是色，就是现象有而自性无。

当我们观照五蕴皆空，如果知见不正，会使人变得消极，对任何事都没有兴趣，认为身体既是假的、空的，所以不必吃苦，让它活活地饿死。对家庭不必尽义务，因为是虚幻的；对社会不必尽责任，因为人世间不是真实的存在。如此的话，便不能成就菩萨道了。因此禅修观想第一步是观一切空，第二步要运用假有的现象，使众生能成就菩萨道，进而成佛。所以实证"色即是空"，能够解脱苦恼，实证"空即是色"，能够成就佛道。体悟了空以后，要以积极的行动度众生。譬如佛像是假的，但我们利用假的佛像来做为修行的工具；色是假的，穿的衣服、吃的食物都是假的，但我们必须吃饭、穿衣滋养这假有的色身，如此才能运用色身做为修行菩萨道的工具。在体认到色即是空以后，一定要证悟空即是色，才能体会到空义的积极面。

空不能离开色，空不能离开现实的有。实相是空，因缘因果是有，否则就是虚无的顽空。开悟的人因为身体还在，和普通人一样会讲话、活动，所以念头还在，但是自我心中的执着不存在，因缘要他动时他就动，在动时头脑清清楚楚知道在做什么。要空的是对于色法等的执着，色法等的现象仍是有的，不但身体是有，心理活动也有，这是真正的解脱者。《六祖坛经》中说的"无念"，常被误解是没有念头、没有思想，实际上是没有自我执着的念头，不是指头脑中没有反应活动；他的头脑活动和凡夫的头脑活动不一样，凡夫的思想是以自我的感情和情绪连在一起，这是浮动不平衡的。如果有思想、有念头，但没有自我主观的感情和自我立场的情绪，这就是空的意思。就好似镜子本身不会动，当外面的景物动时，反映到镜中，镜面才有景象的活动。但是这个镜面的影像和外在的景物动得完全一样，没有加入镜子自己的主观判断、自我执着、感情成分，这就是

"无念"的意思。

　　是诸法空相，不生不灭，不垢不净，不增不
减

　　"不生不灭，不垢不净，不增不减"的六不三对，
是表达心法及色法等诸法空相的。

## 不生不灭

　　一般人在认知上，了解一切现象都是有生有灭、有
垢有净、有增有减的。在感情上却都希望可喜可爱的事
物，最好能永远有生、有净、有增，而永远没有灭、没
有垢、不会减，这是愚痴凡夫的想法。有人生孩子，大
家恭喜他，而当有亲人过世时，即使活了很大的年纪，
亲朋好友还是会悲伤、痛苦。也有极少数人十分悲观、
极端消极，认为有生就有灭，看到了初生的婴儿就说：
"好可怜！这世界上又多了一个快要死的人。"看到花
开了就说："唉！好没有意思，过几天花就要谢了！"
遇到晴天并不开心，因为不久就要下雨了！见到妙龄少
女，便想再过几年她就要变老变丑了。这虽是事实，

唯以如此负面的态度看待人生宇宙的现象，也是不健康的。

佛法在观察任何一样事物时，都要洞悉事物的本末因缘，虽然万事万物都会生灭消长，但在这个当下，也都有其存在的事实，不可把年轻人看成老年人，不可把活人看作死人，不可乘船时，船还未翻你却先往水里跳。

了解到有生就有死，有净就有垢，有增就有减，就不会执着于一切的现象，而能认知到它现前的存在只是一个过程，所以失败时不会太颓丧，成功时不会太兴奋，只是尽自己的能力把当下每一件事做好，这就是不生不灭。生的成功，不可能永远拥有它；灭的失败，不可能永远无起色。

生与灭是并存的，在生的时候就在灭。一栋新的房子完成时，就开始变旧，但是我们不会因为房子会变旧、损坏，就不盖房子，因为在房子盖好到损坏这段期间，可以好好地利用它。对于身体也是一样，从出生就在趋向老、病、死的过程中，但在走向老、病、死的过程中，我们可以好好利用身体的生命，做有意义的事，所以现象虽是念念生、念念灭，过程还是有的。

在日常生活中，我们以眼睛所接触到的一切事物来观察生灭现象，会发现一切的现象都是在生灭的过程中进行，一切现象有生有灭，但此生灭的过程都是即有而空，也是即空而有，所以称之为不生不灭。

## 不垢不净

垢和净，有主观及客观的立场，有人主观地认为自己很干净，客观的人看他觉得很脏；有人认为自己很脏，但客观的人却不认为，所以没有一定的标准。当喜欢乃至希望占有一个人时，心中要观想：我喜欢他什么？他看起来很俊美、很清净。进一步想：那是真的吗？他的脸洗过后，第二天就脏了；漱过口，吃过饭就脏了；皮肤很干净，出了汗就脏了。也许什么都干净，但他的排泄物一定是臭的，但也未必觉得讨厌；等到死亡腐烂了时，还可爱吗？但对于专食腐尸的动物而言，那又是可口的食物了。净也没有一定的客观标准，说得清楚一些，一切法相的事物现象，本无垢、净之分。

## 不增不减

同一个人有时胖一点，有时瘦一点，有人胖一点很高兴，觉得发福了；瘦了就很担心，恐怕身体的哪一部分出问题了。有的年轻女孩一胖就很担心，恐怕自己快变成肥猪了。其实一个人只要健康就好，胖一点、瘦一点没有什么关系，中国历史上燕瘦环肥，不都是很好吗？常常有人一看到我就说："师父，你怎么又瘦了。"我说："本来就瘦，老了更瘦，但是我虽已不可以再瘦，也许还会更瘦，毕竟是老了。"不过很多人，都希望我增加一些体重，我自己瘦惯了，倒是很少想到体重的问题。

增加、减少到底是真的还是假的？美国向苏联买了阿拉斯加，好似美国的版图增加了，苏联的版图减少了；苏联拿走了日本北方的几个小岛，苏联的版图增加了，日本的版图减少了；中国的外蒙古独立，中国的版图好似小了，但就整个地球来说并没有增加或减少什么。

就像纽约禅中心，目前有二栋房子，以后也许会变成三栋，等有一天我死了，即使承继禅中心的年轻法师比我多活五十年，也创立了更大的禅中心，有一天他们也会死掉，我设在纽约的小小禅中心也许就消失了，房子也不会留住。对整个地球来说，房子不是我们的，也不是人家的，都是用地球上的物质资源建筑起来的，地球上并没有增加、减少什么。每一个人死了，化成骨变成灰，回归大自然，便成地、水、火、风，地球上并没有因为死了一个人就增加了什么或减少了什么。当我们以超越时空的立场，来观想一切东西，便会发现，虽有一切事物的生生灭灭，其实是不增不减的。

是故空中无色，无受、想、行、识。无眼、耳、鼻、舌、身、意；无色、声、香、味、触、法；无眼界，乃至无意识界

## 五蕴十八界

五蕴中的"色"是属于物质部分，"受"、"想"、"行"、"识"属于精神部分。《心经》先是综合解释身心，称为五蕴，再把五蕴分开解释：色是物质部分，分作内、外两大类，内部的叫六根，外部的叫六尘；精神部分总和四蕴为六识，六根、六尘的身体及所处的环境，加上心及精神活动的六识，共是十八界。

《楞严经》中一共有二十五位大菩萨，每一位菩萨都代表着一种修行的法门，其中就有七大、六根、六

尘、六识。这二十五个法门，修行任何一种法门都能得
到解脱，都能修成大菩萨道。

由憍陈那的声尘圆通开始，到观音菩萨的耳根圆通
为终。优波尼沙陀修色尘，阿那律陀修眼根，舍利弗修
眼识；持地菩萨修地大，乌刍瑟摩修火大，月光童子修
水大，琉璃光法王子修风大等，每一位菩萨都修不同的
法门。根是里面的，尘是与根相对的环境。也就是说，
《楞严经》的二十五种法门之中，包含了十八界，观任
何一法门成功，就能开智慧得解脱，而实际上都是以观
五蕴皆空为基础，举例来说，用眼根、缘色尘，用眼
识、了别根尘。一切的形色和颜色，都是因缘所生，它
们的本身不能孤立存在，所以都是即有而空，也是即空
而有。

事实上十八界的任何一界，都不是真的存在，就以
色尘来说，当我们闭起眼睛时，色尘虽然存在，但是因
为看不到任何东西，所以等于是不存在。又如盲人，只
能用手触摸东西的形状、体积、质感，但是看不到颜
色，故对盲人而言，颜色是空的。必须用眼根、缘色
尘、生眼识，只要眼根不存在，色尘及眼识便是空的。
只要色尘消失，眼根及眼识也无对象，便无眼根及眼识

的作用，即等于空。

五蕴的受是从六根和六尘的接触而使得六识产生受的作用，受了以后再进入想及行的部分。十八界中六识的"识"和五蕴之中受、想、行、识的"识"，并不一样，六识的前五项，眼识、耳识、鼻识、舌识、身识，是属于五蕴中受的部分。而五蕴中的想、行、识是属于第六意识分别及执着的部分。

六根、六尘、六识的十八界，以上只例举了眼根对色尘生眼识，举一反三，余可类推。一般来说，十八界的观法，以修耳根及眼根比较容易。

不过，十八界的任何一界，都可以观照成空，眼根、色尘、眼识，耳根、声尘、耳识，鼻根、香尘、鼻识，舌根、味尘、舌识，身根、触尘、身识，意根、法尘、意识，一共六组，分别则称十八界。

十八界的第六组，比较不容易理解，"意根"在物质部分是因缘所生，是由父母所赋予的脑神经系统，本身是一个临时性的东西；在精神部分是督责脑细胞来做记录、回忆、推敲、联想的工作。"法尘"是符号，林林总总的形象符号、语言符号、观念符号等，使得意根产生记忆作用，使意识产生分别作用。离开了法尘，意根没有作用，离开了意识，意根及法尘也没有功能。所以从理论上来考察，从禅修中来观照，意根、法尘、意识，本来没有，将来也没有。

法尘是从人类的认识心和记忆力而有，自古代的祖先起，不断地以符号来分门别类认识世界，以记忆来累积经验。符号本来没有，是人类创造出来的，我们自幼经由社会、家庭、学校的教育，不断地吸收各种符号，假设不知道有这些符号，法尘便是不存在的。譬如，中国及印度人都认为有龙及凤凰，虽然我们从未见过真正的龙及凤凰，但是书上常常出现，所以一提起龙，我们大家都知道龙的样子，这就是共同语言符号的作用。事实上虽是没有龙，因为符号中有龙，所以人的语言及图书中都有龙的存在，可见符号只是法尘的代表，其本身并不就是任何东西。

我们从前五根见到前五尘，生起了前五识，那些东西本身是空的。法尘的符号，就是代表前五根、前五尘、前五识所产生的反应，既然这些东西本身是空的，符号也是虚设的，所以法尘也是空的。

意识分成二部分：一是内在的分别作用，一是外来的种种影响；便是以内在的意识，通过意根，分别外在的法尘，产生思想，发为行动的作用。

从原始佛教的立场而言，第六意识除了认识的功能，也有执持自我的功能。第六意识本身没有一个固定不变的东西，它却能把一生又一生的业力聚集在一起，然后连接到另一个时间段落去，接受业力的果报；接受业力果报的同时，又造另一些行为的业力，再延续到下一生去。因此就会形成有些时段进入天堂，有些时段地狱受苦，有些时段生在人间。由于每次每生造的业都不一样，每次每生受报的同时，又造不同的业，所以第六识只有认识作用及造业受报作用，本身却是空的。

观十八界成功时，即可实际体验到所受的种种果报是空的，所造的种种善业恶业也是空的。

## 四、因缘不思议

　　无无明，亦无无明尽；乃至无老死，亦无老死尽

这四句经文讲的是无十二因缘，亦无十二因缘尽。不执生死有，亦不执生死无。

## 因缘

因缘观分成两类：一是以空间现象讲因缘，是物质关系的；二是以时间现象讲因缘，是精神生命的。佛法是以精神为主，以物质为副，在《心经》中讲的十二因缘，是从时间过程的三世流转，讲此有故彼有，此灭故彼灭的生命现象。

《阿含经》中所讲的因缘观，也是就时间讲的，着重于精神层面的生与灭。《中观论》所讲，并重于空间和时间之生灭有无的讨论，是根据早期的《阿含经》里所讲的五蕴法，即是精神和物质的综合。《心经》一开始讲五蕴、十八界，接着提出十二因缘，也都是以空间及时间、精神和物质的交互运用，来说明因缘生灭的宇宙观与人生观。

十二因缘观，即是分成十二个阶段，说明人的生命，何从何去。每一阶段，都是果，又都连接着前因和后果。现阶段的果，必从上阶段的因而来，称为果缘于因，如此一个一个阶段；前因制造后果，在此果位又变成下一个后果的前因，又造后果，如此产生的关系叫作因果关系。促成因果产生关系的就是缘，果是缘于因，所以叫因缘关系；果是从因来的，由于有因才有果，每一个果位都是缘自于因位，以因为果位所缘，所以称为因缘。

## 十二因缘

十二因缘是无明→行→识→名色→六入→触→受→爱→取→有→生→老死。以此十二个阶段配隶三世三个时段，便是：1.初三个属过去世；2.中七个属现在世；3.后二个属未来世。

## 无明，行，识——过去世

"无明"是无始以来众生烦恼的根本，称为无始无明。佛法不讲有开始，虽然地球有开始有结束，而生存在地球上的众生，在地球未开始以前，早已于他方世界生生死死。当地球毁灭之后，尚没有得解脱的众生，又会到其他的世界去接受生死，所以佛教是无始的宇宙生命论。

个别的宇宙体及生命体，看似有始，将时空放远大了看，其实是无始的。佛法虽说一切众生都有佛性，是有成佛的可能性，但就众生的自身而言，由无始以来便是众生，便是因为根本的无明而自生烦恼，流转生死，所以称之谓无始无明。

众生的烦恼，引发于根本无明，无明即是没有智慧，所以引生烦恼，烦恼的心理现象是以贪、瞋、痴的三毒为基础。因贪而追求，求之不得，或者得而复失，便会起瞋，不明因果及因缘的规律，便是愚痴。

凡夫众生由于贪、瞋、痴的心理活动，反应到身、口、意的三种"行"为，有了行为就产生业力，业力是行为完成后所留下来的心理及精神力量，从生到死的过程中，每一个行为都会有这种力量余留下来，这种业力的结合就是"识"。识也不是一个固有的东西，但因业力的结合而有，所以取了名字叫识。这个识会在这一生或下一生现行变成果报，对于未来而说，是果报的因，又名为"种识"。所以无明、行、识，对这一世来讲是因，对未来世而言也是因。由于有了这样的因，生命就一世又一世地流转不息，名为三世因缘。

## 名色，六入，触，受，爱，取，有——现在世

现在世的七个段落，也可以归纳成过去世的三个段落，只是为了把现在这一生的过程，清楚详细地说明，所以才把三个阶段细分成七个阶段。

"名色"是由识入胎，直到六根齐全为止的住胎阶段。我们人类在母亲刚刚受孕的那一刻，就算是这一期生命的开始。"名"是前世带来的业力，"色"是由父精母卵成孕后的胎质。

"六入"即是眼、耳、鼻、舌、身、意的六根，在胎中渐渐完成，出生后六根的功能与六识合而为一，再与色、声、香、味、触、法的六尘发生攀缘作用，便有烦恼的情绪影响，所以称为六入。

"触"是在出生之后，以六入的身，立即便与母体外的环境接触，如果不接触，六入便不会造业，也不受报。

"受"有五种：苦、乐、忧、喜、舍；舍受又可分成两类：不苦不乐，不忧不喜。

"爱"是在受了以后，产生贪与瞋的反应：对于合意的起贪爱，对逆意的起瞋怨。

"取"是经过爱瞋的过程之后，就会产生争取与抗拒的反应。

"有"是经过一生的身心活动，必然留下业力，又有了下一世受报的原因。

在过去世的"行"之中，已包括了名色、六入、触、受、爱、取的六个段落。过去世的识之中，即含现在世的有，有什么？有业力，有投生到未来世的业力，再在未来世受生及老死的果报。

## 生，老死——未来世

"生"是未来世的出生，从出生到一期生命的结束时，便是老死阶段。

"老死"是生命的必然现象，有生必有死，从生到死的过程，便是老。

十二因缘的道理，是在为我们指出：生死流转及生死还灭的过程，比如《杂阿含经》卷十三第三三五经说："此起故彼起，如无明缘行、行缘识，广说乃至纯大苦聚集起。"又说："此灭故彼灭，无明灭故行灭，行灭故识灭，如是广说，乃至纯大苦聚灭。"只要无明在即有烦恼起，即有生、老、病、死苦，若灭无明，烦恼亦灭，便离生死苦海。

## 观十二因缘

观十二因缘很重要，十二因缘本身就是苦，如果不观十二因缘就会制造苦的原因，然后结受苦的果。如果会观它，就可以达到灭苦的目的。这就是四圣谛中的苦集谛和苦灭谛。《阿含经》中说佛法的基本观念是"此起故彼起"，有无明烦恼就会造业，造了业就要受苦的果报，在受苦报的同时，又再造业，造了业又受苦报，这就叫作生死流转，但《阿含经》中又说"此灭故彼灭"，无明烦恼灭了，生死的苦报就不见了，因为无明烦恼灭，就不再造生死业，不造生死业，就不受生死的苦报，不受生死果报的苦，便是自在解脱的人。

## 观无明

无明是烦恼的根本，一般人不知道什么叫作烦恼，也不知道要断除烦恼，只希望生活中没有痛苦就好。遇到可爱的还是要贪，遇到不合意的还是要瞋。只希望不要受苦报，不愿意不造恶因，不知釜底抽薪，只知扬汤止沸，这就是众生的愚痴。

无明就是烦恼的根本，所以要观无明，好似抓贼先抓贼头，抓住贼头，贼群也就会落荒而逃了。无明去掉，如同捣破了贼窝山寨，群贼也就没有地方聚集藏身了。

无明是个假想的名词，其实并没有这个东西。好似一个气球，充满了气，打开看，却看不到任何东西，里面的气和外面的气完全一样，只是心有执着，用一个自私的我为范围把它聚集起来，就有了无明的力量。当我们在执着于好、坏、我、你之时，无明好像气体在气球里面一样，没有执着时，便像气球的橡皮消失了，气也在空间中消失。无明虽是假的，如果自我执着不除，无明也会如影随形地跟着我们。

无明也是烦恼的种子，遇缘则起，不遇缘则隐伏；像各种植物的种子一样，遇到了阳光、空气、水、土壤、肥料等的外缘时，就会发芽，缘不具足就不发芽生长。

所以用观的方法，使得无明没有发芽生长的机会。当用气球做譬喻时，就把无明当气球来观想；用种子做譬喻时，就把无明当种子来观想。球是譬喻自我执着，我们便练习淡化自我乃至放下自我。种子待缘而发芽生长，是譬喻外在的种种诱因，我们便练习着拒绝那些诱因，看透那些诱因，警惕自己不要接受那些诱因的困扰。什么是诱因？就是那些人、事、物，使我们产生贪欲心、瞋恨心、骄慢心、妒嫉心、怀疑心等的现象。这些外缘使我们产生我执，成为我贪、我瞋、我痴、我慢、我疑等烦恼。

只要不小心，我执的气球立即形成，只要不小心，无明的种子就得了发芽的外缘。举例说，贪，一定是有东西可以贪，贪吃、贪钱、贪男女爱欲，这些都是先有一个自我，再加上另外的对象，才会产生贪的事实。

我的本身是个假象，因为"我"是念念不断地在变，而被贪、被瞋的对象，也是时时刻刻地在变动。譬如一位男子爱上了一个美女，他爱的实质上是个假东西，美女会变老，变得不可爱，而他自己本身也在变，他贪爱的念头也在变，所以他爱的对象是假的，他自己本身也是假的，爱也是假的，执着的本身也是假的，如果认清了"缘"，就会不起烦恼，烦恼不起，无明就不存在，这就是"无无明"。

要得解脱就要不起烦恼，能够不起烦恼，生死的苦报也就没有着力点了。虽然为了度众生，菩萨仍得倒驾慈航，在生死之中来来去去，因为来去自在，不以为苦，所以也不执着要断除无明，故谓"亦无无明尽"。在《大智度论》第二十七及二十八卷也曾说到菩萨已得到无生法忍，已住不退转地，烦恼已尽而习气未除，乃为众生有大慈悲而自在化身之故。

## 观行

"行"以心为主、身为从，心以贪、瞋、痴、慢、疑等为我的反应，跟着产生身及口的行为动作，便构成造业的事实。所以当我们起心动念时、开口说话时，一切当观照，是不是与贪、瞋、痴、慢、疑等烦恼我执相连相应；如果是，就算构成了"行"，就是在造业；如果不是，就不是"行"，就不在造业。

譬如有一个人走夜路，看到了一只癞蛤蟆，而他最讨厌癞蛤蟆，便不假思索地一脚踩上去，希望把它踩死，结果发现原不是癞蛤蟆，而是一堆狗屎。虽然他没有杀生，但因为他起了瞋恨心及杀念，若依小乘律，不算犯戒，也不造杀业；若依菩萨律仪，因为伤了慈悲心，所以既犯戒也造业，他踩上了一脚狗屎，也算是受了果报。

在日常生活中，当你发觉有了贪、瞋、痴、慢、疑等的烦恼时，要观心的动机是什么？它所产生的后果是什么？如果以慈悲心发动身、口二业，去以佛法度化众生，就会转黑业的行，为白业的行，再由白业的行转为无漏业的菩萨行了。

如果明知你自己造恶业，便当立即痛彻忏悔，发愿改过修善，就是修行了。累犯而无悔意的身、口、意三业恶行，所造的恶业和初犯的也是不一样，所受的果报也较沉重，所以起了烦恼就当观照忏悔，渐渐地变成正知正见的正行，就能变成无明灭而行灭了。

　　禅修者要观照自己的起心动念处，发现烦恼心将起时，最好不让它出现，若已出现时要让它停止，如果不能停止，要以念佛、礼拜、持咒、数呼吸等方法来转移它。

## 观识

　　"识"其实也没有这样东西，它本身是先由行为构成业力，再由业力累积聚合为识，如果"行"灭，"识"就无法存在。识的产生是因为我的执着，误将无明烦恼执着为"我"。例如以贪为我，向外把环境据以为我，把自己的身体当成是我，向内把自己的思想、观念等的价值判断执着为我。

　　我们当观，外在的环境例如眷属、财富、权势、名望等，乃至自己的肉体，原来不是我，将来也不是我。内在的价值判断，可以因人因时因地而不同，所以是虚幻的，当然也不是我。譬如说认为自己有多少财产、地位、功劳，有多少学问、名望、影响力，都不过像是江心的浪、水面的泡，幻现幻灭，并没有真正的我。

能够不执着我，便不起烦恼、不造业，也就没有识了。这是无明灭故行灭，行灭故识灭，识灭故生、老、病、死诸苦皆灭。

三世共有十二因缘，只要懂得一世的三个因缘，其他二世的九个因缘，也可以此类推，完全相同；过去世既空，现在世及未来世当然也是空的了。

三世十二因缘是由烦恼的我执所形成，如果没有烦恼，不起我执，便无无明、无行、无识。既没有过去世的无明、行、识，就不会有这一世的名色、六入、触、受、爱、取、有，既没有这一世的业力，也就不会有来世的生及老死了。

但是对于大乘菩萨来说，虽然已无无明亦无老死，而众生尚需菩萨救度，菩萨还是要在生死之中普度众生，所以既无无明尽，亦无老死尽。要在有生有死的众生群中，不起烦恼，没有执着，这才是大解脱、大自在。

无苦、集、灭、道

## 四圣谛

苦、集、灭、道，称为四圣谛，此与十二因缘有关。四圣谛是从十二因缘产生的，观十二因缘能出离生死苦海，观四圣谛也能出离生死苦海。

了解苦、集、灭、道的意义，观照苦、集、灭、道的事实，超越苦、集、灭、道的范围，便是这经文"无苦、集、灭、道"的内容。

这是大乘菩萨的精神，虽已断苦集、已灭苦果、已修灭苦之道、已证灭苦之位，但是不住于生死也不离生死，不住生死是得解脱，不离生死为度众生。不像小乘圣者是：苦已灭、集已断、道已修、灭已证，便是"所作已办，不受后有"，不再进入生死了。

先将四圣谛的内容，说明如下：

（一）苦：最基本的苦是生、老、病、死，这就是三世十二因缘的流转生死，也就是《阿含经》中说"此有故彼有，此起故彼起"的生死之苦；从出生到死亡之间，为了求生存、求安全欲的满足，便有贪生怕死的苦，你争我夺的苦，因此衍生出求不得苦、爱别离苦、怨憎会苦、五蕴炽盛苦。

（二）集：是聚集受苦的原因，就是由于造就种种业因，才感受种种苦果。以整体的项目而言，即是身三业、口四业、意三业，总共十业。不管是十恶业或十善业，都要受果报。一般人认为，造了十善业，所受的福报是好事，应该不是受苦；这好像是对的，可惜当你将福报享尽的一天，苦又立即出现了。正在享福的当时，福报就逐渐减少，这叫作坏苦；至于造恶业受苦报，叫作苦苦。

"集"是佛法里面的基本观念，称为业感缘起。造业就能感到果报，果报是因为造业而有，这便是业感缘起。造业受报，就好像在山谷中喊叫一声，就有回音。当我们有行为就有反应，没有行为就不会有这种反应。修行的行为是集善业，如果以有我之心，集了善业也有业感。学佛的人，当以不求回馈的心，来做利益众生的事，便是无相行。如《金刚经》所说："灭度一切众生已，而无有一众生实灭度者。"也就是度了一切众生，自己并不认为自己是度了众生的人。到了这个程度，就没有集了。

（三）灭：是灭苦与断集。使受苦的原因不再发生，即使已集的苦因未消，苦报仍得去受，但已实证无我的人，不会厌苦，便等于无苦。

如果你尚未解脱生死，若能釜底抽薪，随缘消旧业，更不造新殃，也算是做着灭苦的工作。一边受苦，一边不再制造苦的业因，这就是修持灭苦之道；不但灭了苦，同时也断了集。

有善根的凡夫们，虽已知道要灭苦断集，唯因业力重、障碍多，以致心不由己、身不由己，无法不造生死业，所以需要修行的方法，那便是修道、断集、灭苦。

（四）道：修道可以帮助我们渐渐地达成断集灭苦的目的。道的总则是戒、定、慧，并称为三无漏学。大乘菩萨道，有四摄、六度，基础是五戒、十善业道。原始佛教则有八正道。

若就道的总则而言，"戒"是不当做的不得做，应当做的不得不做，否则便是犯戒，便应立刻忏悔。如此便能使得苦的原因渐渐地断绝，苦的结果乐意地接受，苦就愈来愈少了。

"定"是使得浮动的情绪心，获得安定、平静，不再自恼恼人，不再制造苦因，若在定中，自然不会犯戒。

　　"慧"有两种，一是有漏慧，一是无漏慧，有漏慧是以自我为中心的知识、见解、智慧。无漏慧是无我的智慧，断烦恼是它，度众生也是它。离苦是它，救苦也是它。

　　五戒与十善业道，是由戒学的衍生；八正道与六度，是由戒、定、慧三无漏学的衍生；四摄法是由菩萨道的具体展现。总之都属于"道"的范围。

## 观四谛

　　人在受苦时，如果已知道是苦，这个苦的本身，就没有那么苦了。有些人终日烦恼而不知是苦，也不知道苦的原因，更不知道如何脱苦，那才是真正地苦不堪言了。譬如有一个人，明明是你的仇人怨家，你却误认为是爱人亲家，他常常对你不好，使你困扰，而又偏偏离不开你，你也每天需要他和你生活在一起，你既恨他，你又爱他，你竟然不晓得这就是苦。

　　如果知道这就是苦，想想何必如此跟他计较，愈计较愈苦，不如面对他、接受他、原谅他、协助他，你的苦就会减少了。

　　更进一步要观察苦集，明了苦的原因是什么？是从何处来？若能自观己心，便是发现苦的原因不从外来，是自我中心的烦恼产生，这样一想，便不会怨天尤人，苦的感受，又少了一些。这是知道自己造了苦的因，必须接受苦的果，所以一方面能够心平气和地接受现实，一方面又能在生活中不敢制造苦的因了。

再进一步，观灭苦的方法，受苦是因缘法，苦集也是因缘法，既是因缘法，能生必能灭。能做如此观苦，当下就能避免受与集苦了。若能知苦、知集，就能修道、断集、灭苦。

由于没有一样具体东西叫作灭，所以很难观照，只有以实践灭苦之道来产生灭苦的功能。灭苦之道的观法是时时刻刻注意自己的身、口、意，是不是与戒、定、慧的三无漏学相应。常常检点自己的言行心向，是不是与骄傲、嫉妒、贪欲、怨忿、瞋怒、怀疑等烦恼相应，有则改之，无则避免，那便是在修道了。

修行的初步，是要修行苦、集、灭、道四圣谛法的，唯以大乘菩萨道的观点来看，那还不够究竟，因此要超越了四圣谛法，才是彻底的大自在，所以要说："无苦、集、灭、道。"这是大菩萨的智慧所证境界，不仅没有苦受与苦集，连灭苦断集都不执着了，才是无修无证的无事真人。

## 无智亦无得

### 智

"智"的梵语若那（jñāna），在大、小乘诸经论中，有许多的类别及其性质。主要是自利利他、断烦恼、离诸苦的抉择力。

就原始佛教的立场所说的智，主要是观苦、集、灭、道四圣谛，对世间有漏之因果及出世间无漏之因果，能够如实知见。

小乘论书如《阿毗达磨发智论》、《大毗婆沙论》、《成实论》等，说有一智、二智、三智、四智、五智、六智、七智、八智、十智、四十四智、七十七智等。

大乘的《楞伽经》说智有三种：1. 外道凡夫，执着一切诸法之有、无者为世间智；2. 小乘圣者，虚妄分别自相、同相者为出世间智；3. 诸佛菩萨，观一切诸法不生不灭，离有、无二见者为出世间上上智。

《大品般若经》亦谓智有三种：1. 一切智，知诸法总相；2.道种慧（智），知二道乃至无量道门；3.一切种智，能尽知一切诸法的总相、别相。

《杂阿含经》卷十五第三七九经记载佛陀为五比丘初转法轮："当正思惟时，生眼智明觉：此苦集，此苦灭，此苦灭道迹圣谛，本所未曾闻法。当正思惟时，生眼智明觉。"即是依四圣谛而得法眼净的意思。

## 无智亦无得

智慧如果是有，不论其有经验，有观念，有看法，有思想，凡以自我为中心者，这就是有漏智，不是真正的智慧。

离开自我中心，就是无漏智，但在小乘圣者就将实证四圣谛的无漏智，认为是真正的智慧。大乘菩萨的解脱自在，既无四圣谛，当然也用不到无漏智这样东西了。

"得"的观念，对凡夫来说，未知佛法者，希望求得名利物欲的满足；初知佛法者，希望得到功德和福报。深知佛法者，希望求得佛法、求得智慧、求得解脱、求得圣果，禅宗的行者，希望求得开悟，明心见性。

小乘佛法有缘觉果及声闻四果可得，大乘佛法有菩萨果位及佛果位可得。如果为了追求果位而修行，是有为的，得凡夫果，也是有漏果，充其量只能达到小乘圣者果位。发愿取证果位，而不是仅为果位修行菩萨道者，就会得到大乘圣果，例如释迦世尊是为了解脱众生苦厄而出家修道，目的是度众生而不是求果位，已证圣果的人只认为那是一个经验，不会自高自大，不会执着果位当作自我的价值看待。对于果位价值的执着愈来愈轻，而到人我执与法我执断尽之时，证圣果的位置愈来愈高，所以真正证圣果的人不会把果位当作另一种自我来执着。

对于尚在凡夫位中的众生而言，佛菩萨一定要告诉他们有圣智圣果可得，是为了劝勉凡夫离生死苦出烦恼网。到了真正得大自在的大解脱时，就发现无智无得，才是佛菩萨的体验。

## 观无智亦无得

因为没有智慧才产生烦恼，所以要反观自己，并知道自己有烦恼而没有智慧。无论是痛苦的烦恼及得意的烦恼，都不是智慧，身体的感觉，如疲倦思休息、病痛思医药、饥思食、渴思饮等，都是生理上需要的自然现象，不算是烦恼；为了追求虚荣，追求虚名浮利，而产生贪、瞋、嫉妒等心念时，才算是烦恼。譬如父母无条件抚养教育子女，是天经地义的事，不算是烦恼，如对孩子是为养儿防老，期望过高，过分担心就会产生烦恼。在日常生活中起心动念时，若有烦恼起，就要问自己："我有智慧吗？"有烦恼的感觉时，也要好好观察；若有智慧，那是有漏智呢？还是无漏智呢？凡是自我中心在，不论是个别的小我或者是全体宇宙的大我，都是有漏智，应当舍弃我执，便可转有漏智成无漏智了。

有了无漏智，尚须观照，是否已经超越了烦恼与智慧的相对观，若将众生的烦恼与菩萨的智慧分别看待，取智慧而舍烦恼，惧生死而乐涅槃，那还未曾究竟，当观烦恼不起，智慧亦无用处，那才是真正的自在解脱，故名为"无智亦无得"。

## 五、解脱与自在

以无所得故，菩提萨埵，依般若波罗蜜多

故，心无罣碍

当心中无所得无所求时，就是自在的菩萨。菩萨是以无漏智慧从有求有得的此岸，到达无求无得的彼岸。

## 菩提萨埵

菩提萨埵，梵语 bodhisattva，汉译名称很多，例如觉有情、大道心众生、大士、高士、开士等，是发了〈四弘誓愿〉，修行六波罗蜜多，上求佛道，下化众生，自利利他，经三祇百劫，历五十二阶位，而证佛果之过程者，便是菩提萨埵，简称菩萨。

菩萨从初发心至佛果位，所经历的五十二个阶段是：十信、十住、十行、十回向、十地、等觉、妙觉。初十信是外凡；十住、十行、十回向是内凡，又名三十贤位；初地以上是圣位。初地以上得无生法忍，烦恼不起，无明分断，仍有众生要度的誓愿，到了八地以上的菩萨，进入无功用地，不必再发誓愿，自然因应随类摄化，乃至能显现佛身，普度众生。永远普度，随缘普度而实无众生已度、当度、正度者，便是八地以上的大菩萨。

## 心无罣碍

　　菩萨因为已到无所求无所得的程度，那是依靠般若波罗蜜多的力量所致。由于般若的空慧，已将一切自我的执着扫荡清净，自心即是清净的智慧，等同横遍十方、竖穷三际的佛心，等虚空遍法界，无处不照，亦无痕迹，正如《金刚经》所说的"应无所住而生其心"，有心的功用，无心的执着，所以是"心无罣碍"。

　　普通人无法做到心无罣碍的程度，因为凡是起心动念，都有主观的立场，既然预设立场，就不容易把心门敞开，尊重他人、接受他人。如果经常学习菩萨精神，以慈悲为着眼，以智慧作指导，就能凡事多为他人的立场设身处地，谅解他人、同情他人、协助他人，而少为自我的主见做保护，少为自我的得失做考量，则虽不能"心无罣碍"，至少也能心情愉快了。

　　不妨将菩萨的心，譬喻成山中的一朵祥云；云是不请自来的，不驱自走；云在山峦之间，穿来穿去，游走自在，遇到了山峰，不会被挡住，越过山巅，绕过山腰，消失于无形。云是有的，但不会受到任何东西的阻碍，因为它本身没有固定的目的，没有固定的形体。云在遇到不同的气温气流，便会随缘变化成雨、露、雹、雪、霜、冰以及水、气等形状。这就是菩萨无心，如云出岫的意思。凡夫也不是完全不能学习的。

罣碍是妨碍、牵挂的意思，也是心有烦恼、病态的意思，有罣碍的心，就是心有了牵累障碍的病。例如《维摩经》说维摩诘长者因为众生有疾，所以维摩诘长者也示现有疾；众生害了生死烦恼的大病，所以心有罣碍，菩萨已离生死烦恼大病，所以心无罣碍。菩萨为了慈悲众生，示现于众生群中，看来也像是罣碍有病的众生，但他们的内心已空无一物，故名心无罣碍。


**无罣碍故，无有恐怖，远离颠倒梦想**


## 无有恐怖

恐怖是惊骇、恐怕、畏惧等慌张不安的意思。在大、小乘经论中，恐怖的情况大致有三类：一是凡夫遇到灾难临身无法逃避时，觉得恐怖；二是外道天魔听闻有人说佛法时，魔宫震惊，无法自处，所以恐怖；更有一类小乘根性的人，听说修持大乘菩萨道至成佛为止，要经三祇百劫，也会觉得恐惧。

《杂阿含经》卷二说，愚痴无闻的凡夫，见色是我及我所，若色变异，心亦随转，则生恐怖、障碍、心乱。若心不随变异，则心不恐怖、障碍、心乱。凡夫愚痴，不知诸法无常变异，即是空相，即是无我相，故对生死变异生恐怖心；若能心不随境界转移，便不为所动，即无恐怖想。

《千手千眼观世音菩萨广大圆满无碍大悲心陀罗尼经》，则谓当观世音菩萨说出〈大悲咒〉之后，十方诸佛悉皆欢喜，天魔外道恐怖毛竖。这是邪不敌正，邪恶的魔法，遇到慈悲的佛法，就生恐怖了。

何人能得无有恐怖？《杂阿含经》卷三十六则说："一切怖已过，永超世恩爱。"这是说，离欲出世的人，也就是证得解脱道的四果圣者，永远离世间恩爱，也超脱一切恐怖。该经同卷又说："觀斯老、病、死，令人大恐怖。"只要出离老、病、死，人即无有恐怖了。

《大智度论》卷二十一说有佛弟子在旷野中修不净观，心生惊怖，如来即为他们说了八念法门：念佛、念法、念僧、念戒、念舍（布施）、念天、念出入息、念死。并谓若存此（八念之）心，恐怖即除。以此八念法门，能除静修之际所生的恐怖。

《心经》所说的"无有恐怖"，即是已从一切法得大自在，所以已无任何患得患失、忧惧不安的心了。

世间也有天不怕地不怕的亡命之徒，也有古代的忠臣烈士、孝子节妇、现代的冒险家以及黑白两道的游侠人物，都有置生死于度外的气魄；但他们也怕名节受到侮辱，多半也有被后人叹为慷慨赴死容易而从容就义艰难之憾！例如西方宗教史上的耶稣遇难，中国史上的文天祥受戮，面对死亡时都有恐惧感。

可见，唯有勘破了生死大关的圣者，才能做到真的无有恐怖；一般凡夫也不是完全办不到，若能经常做些观照的功课，观五蕴无我，诸法皆空，临到危难发生时，总会派到用处。

## 远离颠倒

颠倒的意思是：是非颠倒、黑白颠倒、正反颠倒、善恶颠倒、上下颠倒等认错了方向位子，混乱了价值判断，打翻了常轨常道。

颠倒的梵语是 viparyāsa，在佛教的大、小乘经论中，对于此一名词的共识是四颠倒。但从大乘菩萨的立场看，又可分作有为及无为的两类：

（一）有为四颠倒：是指凡夫对于生死有为诸法，起四颠倒想，例如《大智度论》卷三十一有云："世间有四颠倒：不净中有净颠倒，苦中有乐颠倒，无常中有常颠倒，无我中有我颠倒。"这是凡夫对人生的颠倒见，身是不净以为是净，所受是苦认为是乐，心的念头无常误以为常，诸法现象无我执着是我。由此四颠倒，起种种妄想，造种种不善业，以致沉沦生死，无有出期。因此佛说有四念住（处）观：观身不净、观受是苦、观心无常、观法无我；令众生观想，出离生死。

（二）无为四颠倒：是指二乘（声闻与缘觉的小乘）人，对于涅槃的无为法，起四种颠倒妄见：计常为无常、计乐为苦、计我为无我、计净为不净。这是出于三十六卷本的《大般涅槃经》第二卷〈哀叹品〉第三，以为大乘的涅槃，即有常、乐、我、净的四德："无我者即生死，我者即如来；无常者声闻缘觉，常者如来法身；苦者一切外道，乐者即是涅槃；不净者即有为法；净者诸佛菩萨所有正法。是名不颠倒。"

《大般涅槃经》的这段经义是说，佛为外道凡夫说无常、苦、无我、不净，是为除其世间法的四颠倒见，小乘不解，竟对涅槃所具的常、乐、我、净等四德，也否定掉了。所以提出无为四颠倒，来修正小乘的妄见。

《心经》的远离颠倒，主要是指有为四颠倒。《般若经》系统中，尚未见无为四颠倒之说。若能离四颠倒，即不会执幻有的身心世界为实我实法，就能从一切烦恼我执获得自在。

## 远离梦想

梦想和颠倒是同类性质，虚实颠倒，以虚为实，即是梦想。世间凡夫，明知世事无常，天下没有不死的人，没有不谢的花，没有不散的筵席，没有不没落的王朝，总还是十分努力地贪恋执着，便是以幻为实，以梦为真。

《金刚经》说："一切有为法，如梦幻泡影。"也就是为我人指出世间的一切现象，都是如梦如幻如泡如影，可以欣赏，但不足贪恋。

永嘉大师的〈永嘉证道歌〉有云："梦里明明有六趣，觉后空空无大千。"也是为世人点出世间六道众生，在未悟之前的确是因果相循，有血有泪、有情有爱，当然觉得真的，但在悟后再看大千世界与六道众生，生死无非幻起幻灭，我是空的，世界也是空的。

　　《摩诃般若波罗蜜经》卷十二〈无作品〉说："尔时释提桓因，问须菩提：'云何菩萨摩诃萨行般若波罗蜜，知见诸法，如梦、如焰、如影、如响、如幻、如化？'……须菩提言：'……是菩萨摩诃萨亦能不念梦、不念是梦、不念用梦、不念我梦。'"

　　佛教圣典的性质也有不同的层次，从宗教信仰层面而说的，多半会肯定梦事，赞扬吉祥的梦境为感应、为瑞相，例如《修行本起经》、《过去现在因果经》等，记载释迦圣尊降胎时，佛母摩诃摩耶夫人，即梦见菩萨骑白象入胎。《地藏菩萨本愿经》中的地藏菩萨，在因地为婆罗门女时，梦游地狱；地藏菩萨为光目女时，梦见清净莲华目如来身，金色晃耀，如须弥山，放大光明。另有《阿难七梦经》、《增一阿含经》卷五十一的《舍卫国王梦见十事经》等，均对梦境有所肯定。但在《梵网经》菩萨戒本轻戒第二十九条则谓：若佛子"解梦吉凶"是菩萨犯轻垢罪。

　　有的佛教圣典，是站在学术研究的立场，论列梦境的成立及其性质等，例如《大毘婆沙论》卷三十七，有相当多的篇幅讨论梦事。《成唯识论》在讨论第六意识时，将梦境称为独头意识的活动。

《般若经》的立场是特重智慧的，所以对于梦事采取远离的看法，透过般若的智慧来认识一切诸法，不论有漏无漏，都应超越、都应离执，对于心理现象的梦事、梦境的执着，当然也要远离了。

## 观颠倒梦想

为了少烦少恼，少一些不必要的困扰，虽然尚是凡夫，也当练习远离颠倒梦想，就是自己的心念，经常在很清楚的情况下生活，不轻易地动情绪，把自我中心看淡一些，把近利及私利看轻一些。勿把缓急颠倒，勿把轻重颠倒，勿把公私颠倒，勿把先后颠倒，勿把亲疏颠倒，勿把远近颠倒。

梦想是不切实际的幻想，不能把梦想当成理想，也不能以理想而疏忽了现实，如果老在幻想未来美景，忽略了当下具备的条件，便是颠倒梦想。

当贪、瞋、痴等的烦恼心生起时，应该立刻警觉，是不是弄颠倒了？对于金钱、名利、爱情的追求使得自己惹来痛苦时，应当反省是不是弄颠倒了？当成名成功很有乐趣、非常得意时，也要问自己是否弄颠倒了？

无论计划任何事，应当脚踏实地步步为营，为防出

岔。梦时不会想到自己是在梦中，等到美梦破碎变成恶
梦，才知道原来是弄错了。因此，在现实生活中，不论
是逆是顺，最好观想：都是一场梦。烦恼就会少一点。
由于知道自己是在做梦，对于成败得失等的计较心，也
不会那般强烈了，制造自我干扰的机率，也就会相对地
减少了。


## 究竟涅槃


"涅槃"的梵文是 nirvāṇa，它有灭、寂灭、灭
度、寂的意思；灭除烦恼、超度生死众苦，进入寂静而
不受烦恼所动的心境，称为涅槃。

又称为"般涅槃"（parinirvāṇa），意为圆寂，以
及摩诃般涅槃（mahā-parinivāṇa），意为大圆寂。在
《杂阿含经》卷十八的第四九〇经，对于涅槃的内容，
有如此的说明："涅槃者，贪欲永尽，瞋恚永尽，愚痴
永尽，一切诸烦恼永尽，是名涅槃。"

《大毗婆沙论》卷二十八云："烦恼灭故名为涅
槃，复次三火息故名为涅槃，复次三相寂故名为涅槃，
复次离臭秽故名为涅槃，复次离诸趣故名为涅槃。……

超度一切生死苦难故名涅槃。"

总之是出离三界的烦恼生死苦海，名为涅槃。《入阿毘达磨论》卷下也说："一切灾患烦恼火灭，故名涅槃。"也可以说，在小乘诸派之中对于涅槃的共识是，永尽烦恼诸苦的境地，也是超度生死苦难的境地。

但在大乘经论对于涅槃的认识，是更加积极的，它有不生不灭义，它与法身遍在常在，有相同的性质。例如《大般涅槃经》卷六云："若言如来入于涅槃如薪尽火灭，名不了义；若言如来入法性者，是名了义。"

大乘的涅槃既不等于一般凡夫的死亡，也不等于小乘圣者以为薪尽火灭，从此便从宇宙中消失，而进入另一个永不显现的境界，涅槃乃是从烦恼得到解脱，既能充遍时空，又能不受时空的限制，便是诸法的法性，便是诸佛的法身。尤其涅槃并不一定要等到肉体的死亡，只要无明断除，当下便入涅槃。不过小乘圣典也将涅槃分为两类：1.烦恼永尽而肉体的身心尚健在，称为有余依涅槃；2.烦恼永尽，所依的色身也已死亡消灭，称为无余依涅槃。

《大智度论》卷八十三云："涅槃，无相无量不可思议，灭诸戏论，此涅槃相，即是般若波罗蜜。"

　　综合大乘经论对于涅槃的介绍，其实是表达了涅槃、般若、如来法身，三法一体，不纵不横，有其一即具足其三。《心经》所谓的"究竟涅槃"，便是《大智度论》所说"无相、无量、不可思议，……即是般若波罗蜜"的涅槃相。证入大乘涅槃的人，不会被三界的生死所缚、烦恼所动，故已不像凡夫那样地贪恋世间，也不像小乘圣者那样地厌离世间，而是以众生为福田，在三界做佛事。

　　凡夫虽不是佛，也未得究竟涅槃，既然发心学佛，就当学习体验大乘涅槃的心境。在日常生活中，遇到种种让你烦恼的情况，不论是起自内心或来自身外，均宜视作理所当然，本来如此，即有而空，即空而有。不用恐惧讨厌，不用逃避躲藏，应当面对它、接受它、处理它，然后不论其结果好坏，都得从心中把它放下。那就天下没有什么人、什么事、什么东西，能够困扰你了。

## 六、生命的归趣

　　三世诸佛，依般若波罗蜜多故，得阿耨多罗三藐三菩提

"三世诸佛"是指过去无始以来的诸佛如来、现在十方的诸佛如来、未来无穷的诸佛如来，无一位不是由于修行般若波罗蜜多法门，而成佛道的。

"阿耨多罗三藐三菩提"是梵文 anuttara-samyak-saṃbodhi 的音译，意为无上正遍知、无上正真道、无上正等正觉，即是佛的觉智，佛已离迷断惑而觉智圆满，于平等的真理无所不知，故得于世间无上之名。

> 故知般若波罗蜜多，是大神咒，是大明咒，是无上咒，是无等等咒；能除一切苦，真实不虚

"般若波罗蜜多"，具足一切世间出世间最强大的力量，故称为"大"。"咒"的梵文是陀罗尼（dhāraṇī），是真言，是总持无量义，而又具足无量神变不可思议的功能。

"是大神咒"：此般若波罗蜜多，具有无量不可思议的神力变化。

"是大明咒"：此般若波罗蜜多，具有无量不可思议的智慧功能。

“是无上咒”：此般若波罗蜜多，具有无量不可思议的一切功德。

“是无等等咒”：此般若波罗蜜多，具有无量不可思议无与伦比的一切功力。

“能除一切苦，真实不虚”：此般若波罗蜜多，既能使菩萨“照见五蕴皆空”，此处再度点出，首尾呼应，乃是为了加强我们对于般若波罗蜜多的信心，而且保证，这是绝对真实有用的法门。

> 故说般若波罗蜜多咒，即说咒曰：揭谛，揭谛，波罗揭谛，波罗僧揭谛，菩提萨婆诃

咒语宜用梵文音译，不宜译出其意义，只要一心诵持，就能生智慧，得感应，除诸灾难苦厄。但也不是没有意义，如果一定要想知道其含义，可以译成：

去罢！去罢！超度到彼岸去罢！大家都超度到彼岸去罢！觉道成就。

案：本“心经禅解”讲义是一九九〇年间，我在美国东初禅寺为东、西方人士合堂的特别禅坐会，开讲了十次，

六十分钟的录音带达十四卷，请吴果慕居士整理成稿。到了一九九五年十一月下旬，我花了十天时间修订补写，再请姚果庄居士誊正完稿。

第二篇

# 心经讲记

## 一、绪言

《心经》是大乘佛法的心要，也可以视为一部很好的佛学概论。不过要把它解说得深入而浅出，却是很不容易的事。今晚，诸位专程到农禅寺来听经，求法的心意非常可喜，即使到时听不清楚或听不懂，相信也会耐心地听完，而我也会尽量用浅显易懂的方式来解说。

首先我们看这部经的结构。它可分成三个段落：

第一段是"序分"，也就是一般所谓的"序言"或"序论"，一共有四句："观自在菩萨，行深般若波罗蜜多时，照见五蕴皆空，度一切苦厄。"

第二段是"正宗分"，一般称为"本文"或"本论"，即本经的主要内容，它分述五个观点：

（一）人类观：指出人的五蕴——色、受、想、行、识——是空的，因此，人的本身就是解脱自在。共七句："舍利子！色不异空，空不异色；色即是空，空即是色；受、想、行、识，亦复如是。"

（二）宇宙观：包括五蕴、十二处、十八界，讲的是人在宇宙之中就是解脱自在。共十一句："舍利子！是诸法空相，不生不灭，不垢不净，不增不减。是故空中无色，无受、想、行、识。无眼、耳、鼻、舌、身、意；无色、声、香、味、触、法；无眼界，乃至无意识界。"

（三）人的三世因果观：解释人在生来死去之中就是解脱自在。共六句："无无明，亦无无明尽；乃至无老死，亦无老死尽。无苦、集、灭、道。无智亦无得。"

（四）菩萨的境界：这是解脱自在最好的范例。共八句："以无所得故，菩提萨埵，依般若波罗蜜多故，心无罣碍；无罣碍故，无有恐怖，远离颠倒梦想，究竟涅槃。"

（五）佛道：这是菩萨的理想和目的，也就是解脱自在的终极圆满。共三句："三世诸佛，依般若波罗蜜多故，得阿耨多罗三藐三菩提。"

最后一段是"流通分"，即一般所称的"结论"。共十四句："故知般若波罗蜜多，是大神咒，是大明咒，是无上咒，是无等等咒；能除一切苦，真实不虚。故说般若波罗蜜多咒，即说咒曰：揭谛，揭谛，波罗揭谛，波罗僧揭谛，菩提萨婆诃。"

《心经》在所有的佛经之中，是文字最精简，组织最严密，内容最丰富的一部经，我们既可以因它而理解佛法，深造自得；也可以把它当成修行的法门来用功；更可以为求感应而虔心持诵。原因是这部经主在开显大乘的"空"义，深广而微妙，我们可以由此而理解深究佛法；而我们自己若能了解"空"义，信受奉行，也可离却烦恼；更且持诵本经，使鬼神了知"空"的道理，又能度鬼神得解脱，所以，持诵《心经》可以自利利他，冥阳两利。

下面我简单介绍《心经》的来历。根据印顺老法师的〈般若波罗蜜多心经讲记〉说："此经本是《般若波罗蜜多经》中的心要，在六百卷的《般若经》里，有〈学观品〉，此品有与本经几乎完全相同的文句，不过不是观自在菩萨说的，而是佛直接向舍利子说的。此经应该是《大般若经》里的精要部分，古德为了易于受持，特地摘出来单行流通，所以名为《般若波罗蜜多心经》。"

东初老人著的《般若心经思想史》也说："《心经》，是六百卷《大般若》的精要，也是《大般若》的结晶体。《心经》虽不摄于《大般若经》内，但在《大般若》第二会第二分〈观照品〉第三之二，其异译为《大品般若．习应品》第三的一段，颇与《心经》类似。有说这段原文当为《心经》的原型，或说《心经》是根据这段文所组成独立的经典。于此不特可观见《大般若经》的精要，亦可窥见《心经》组织的来源。"

历来《心经》的译本很多，自姚秦鸠摩罗什翻译之后，一直到宋朝的施护为止，可以查考的，一共经过十一次的汉译工作，前后经过的时间约六百年。现在我们一般讲诵流通的是由唐朝玄奘大师所译的《心经》，全部为二百六十个字。

## 二、《心经》的内容

现在，我就前面所分的段落，依序来讲述《心经》

的内容。

# 序论

　　观自在菩萨

　　观自在，在梵文佛经中称为"阿缚卢枳帝湿伐逻"，在中文佛经中的译名则有好几种，大家最熟悉也最常称的就是鸠摩罗什的旧译——观世音，玄奘则新译为观自在。

　　前面说过，《心经》的原型，在《大般若经》里本来是佛陀向舍利子说法，可是到了公元四、五世纪《心经》成立之时，密教正流行于印度及西域各地，观世音菩萨的大慈大悲、广大灵感、应化无碍的威神之力，早已成为密教信仰的中心，所以就把观世音，即观自在菩萨，奉为《心经》的说法主了。

　　菩萨是依德立名的，依般若观慧而已得自在的菩萨，即名观自在菩萨。这位菩萨以甚深的般若（智慧）来观照五蕴，知道五蕴本就是空的。由于证悟了空性，一切的苦难对这位菩萨而言都超越了。

我们佛教徒有很多人会念〈白衣大士神咒〉，此咒的后面是这样说的："人离难，难离身，一切灾殃化为尘。"怎么有这样大的力量呢？是因为咒中称念了观世音菩萨名号的缘故。本经的观自在菩萨，就是观世音菩萨，所以我们一心念《心经》也能够"人离难，难离身，一切灾殃化为尘"。但是，话又说回来，如果念的人未能彻底了悟空义，那么灾难只是暂离开，以后难保不会再来。

观自在，观什么自在？只要用修行的方法观照，就能够得自在，从《楞严经》里我们知道，观世音菩萨的修行法门是耳根圆通，也就是因听声音而入三昧，因听声音而解脱自在。这个"观"，可以用耳朵、眼睛、鼻子，也可以用身体。不过从修行的方法来讲，用耳朵来"观"，最容易让我们去烦恼证菩提。

我在指导禅七的时候，如果有人打坐着魔，不由自主地哭笑吵闹，通常我都教他躺下来，把眼睛阖上，心里什么都不要想，只用耳朵静静地听，听四周的声音，远处近处各种声音，不需多久，他就会安静下来。所以用耳朵听，是最容易使心安定的修行方法。

菩萨，是梵语"菩提萨埵"的略称，中文的意思是

"觉有情"，又译为"大道心的众生"，即"已发了大菩提心的众生"。菩提心有大有小，发小菩提，是但求自了，只求自己解脱的小乘人；而发大菩提心，则是发广度一切众生的愿心，以助众生得解脱、成佛道为目标，并非只求个人解脱的大乘行者。

事实上，唯有不顾自己，只关心别人，只度众生，不为自利，才是真正自在解脱的法门。为什么呢？因为他去除了以自我为中心的自私心。人的烦恼都是从自我中心的意识而产生，真正发大菩提心，不为己而为众生的人，才能真正得到解脱，而且是得大解脱。所以诸位要学佛，就要发大菩提心。

### 行深般若波罗蜜多时，照见五蕴皆空

这两句经文是说：修行甚深的般若法门之时，照见我及我所的五蕴法，毕竟是空的。

梵语"波罗蜜多"，是"超度"、"到彼岸"的意思。用现代语来讲，就是"超越"。"般若"也是梵语，中文译为"智慧"。"行深般若波罗蜜多"，就是以深广的智慧来超越烦恼的障碍。

智慧可分三等：1. 世间的智慧；2. 出世间的智慧；3. 世出世间的智慧。

世间的智慧，系指凡夫的聪明才智，亦即以自我为本位而发展出的各种学识经验和价值判断，这种出于"我执"的产物，不能彻底究竟，也无法获得解脱。

出世的智慧，是指小乘圣者的智慧，能证人无我，能出三界苦，已得解脱乐；不过尚未证得法无我，所以执着离世间而入涅槃，只能自求了脱，不能普度众生。

至于世出世间的智慧，乃是大乘菩萨的智慧，既证人空（即人无我），也证法空（即法无我），得大解脱而不离世间，这才真是大智慧、深智慧，这也才能称之为"般若"。

菩萨修行，有所谓"六度"法门，又称作"六波罗蜜多"。即一布施、二持戒、三忍辱、四精进、五禅定、六智慧。这六度里，若无智慧度（即般若波罗蜜多）贯串其间，其他五度便不得究竟，所谓"五度如盲，般若为导"就是此意。故智慧为菩萨修行的终极目标，唯有修得智慧，才能度脱一切苦厄，而这个智慧的着眼处，就是先要把五蕴看空。

什么是"五蕴"呢？简单地说，五蕴就是：色蕴、受蕴、想蕴、行蕴、识蕴，是吾人身心的总合。色蕴是指生理的、物质的现象，受、想、行、识四蕴是指心理的、精神的活动。

五蕴皆空的"空"是什么意思呢？中国人常把佛门叫作"空门"，出了家就叫"入空门"，但许多人不了解"空"的意义。

就如一首〈醒世歌〉，开头是："天也空，地也空，人生杳冥在其中。"然后说什么："夫也空，妻也空，大限来时各西东。""母也空，子也空，黄泉路上不相逢。"末了说："人生好比采花蜂，采得百花成蜜后，到老辛苦一场空。"这样子看人生是多么失望、多么空虚啊！

佛法的"空"绝不是教人消极、逃避和否定一切的；相反地，它是从空性中教人正视生命的意义，不断地努力向上。以下我从三个不同层次的比较来说明大乘佛法的"空"：

（一）顽空：这个思想又可分两种，一是虚无主义，另一是唯物主义。

虚无主义者认为世间没有真实的事物，没有因，也没有果；没有过去，也没有未来，一切都是现成，所以不需要努力，也不必害怕，反正有的一定会有，没有的就算再努力也不会有；而该来的一定会来，即使不努力也一定会来；而且有与无，来与不来，皆无实在的价值，生时感到空虚，死后一切归于幻灭。这是一种很可怕的思想。

至于唯物主义，则以物质世界为唯一的真实，一切都依附物质而存在；认为人活在世上的时候，是有的；当人死了，就像油尽灯灭一样，什么都没有了。所以应趁有生之年好好努力，就会有收获。

这或许有些正面的意义；不过人生无常，如果努力一生等不到收获就死了，那岂不冤枉？因此有人认为这世上只有那些运气好、很聪明的人才需要努力，其他的人则无必要。例如我们对人好一辈子，到头来却得不到好报应，那又何必要对别人好？所以，唯物主义会造成少数人拚命努力，多数人懈怠苟且的危机。

甚至心想反正死了以后什么都没有了，不需要对未来负责，管他流芳百世或遗臭万年都与我不相干，追求今生的享乐才是最实际的，因此凡事先下手为强，寡廉鲜耻，不择手段，为人类造成无止尽的灾难。

（二）偏空：是指小乘的圣者所证的"空"。他们观察思惟世间所有的现象，都是暂生暂灭，不停地迁流变化，因缘聚则生，因缘散则灭，绝没有什么不假因缘、永恒不变的事物，特别对人的身心现象——五蕴的无常、苦、空、无我体证深刻，所以舍离五欲，勘破自我，而得到了解脱。

由于他们对世间有着很强的厌离心，认为世间充满颠倒、污浊与苦痛，不愿留下来受苦，证人空而未达法空，便汲汲趣入涅槃，了生脱死。这种偏空的思想中，生死与涅槃、烦恼与菩提是对立的，离了生死才能证得涅槃，断了烦恼方可获得菩提，明显表现"独善"、"出世"的精神。

（三）毕竟空：是指大乘菩萨所证的"空"。已发菩提心的菩萨，虽知道世间是无常、是空幻的，可是他们不忍心任由广大无边的众生贪着五欲，沉沦于生死苦海，所以发愿度众生。这些菩萨，本身对于世间的五欲已不执着、不贪求，所以对这世间也无需逃避，依然生生世世留在世间关怀众生、帮助众生，让所有众生都能证得无余涅槃。这种"空"，是空去对自己身心的执着，也空去了对一切现象的执着，转生出救济众生、无我无私的悲心与愿力。

## 度一切苦厄

菩萨用甚深的般若智慧来观照五蕴，如实证见自己的身心是空的，当下就能够度脱一切苦厄。

何谓"一切苦厄"？我们先说"苦"。苦有三大类：一是身体的苦；二是心理的苦；三是身心交炽的苦。身体有生、老、病、死四种苦，这是从生到死之间的四个现象。人，出生了以后就会病、会老、会死，过去生我们记不得了，今生我们还没有死，可能不知道死苦是什么滋味，但当我们看过别人死的情况，就可明白死亡不会是一件快乐的事。

至于心理的苦有三种：即求不得苦、怨憎会苦和爱别离苦。例如世人求升官发财、求婚姻美满、求子孝孙贤等，能有几人如愿以偿？这就是求不得苦。再如世间的事很奇怪，自己所讨厌、不喜欢的人，在甲地避不见面了，偏在乙地碰了头，而且常因情势所逼，非在一起不可。俗话说："冤家路窄。"这便是怨憎会苦。至于爱别离苦也是人间常有，其中最痛苦的，莫过于亲子之爱、夫妻之情，因为生离死别而肠断心碎，魂牵梦萦。

更且由于凡夫众生把身心的现象与活动执着为我，

在自我意识的驱动下，生生世世地造业，再生生世世地受报。这种生命轮回，不断地造业、受报，称为"五蕴炽盛苦"，这是身心合起来的苦。总计上述有八种苦，我们叫它作"八苦"。

至于"厄"，则是执着五蕴所招感的一切灾难。例如：水灾、火灾、风灾、地震、毒虫猛兽等天灾，以及刀兵、盗贼、恶政等人祸。刀兵是指战争，恶政是指昏闇残暴的政治，像中国历史上的夏桀、商纣、秦始皇，以及西方的罗马皇帝尼禄等所施行的暴政。古人说"苛政猛于虎"，苛暴的政治比老虎还可怕，以致在乱世里，许多人宁可冒着被老虎吃掉的危险而躲到深山里，也不愿意留在平地受官吏的迫害。我们把身心的现象计执有我，就难免要受这些天灾人祸的恐惧和痛苦。

但愿大家能常念"观世音菩萨"，朝念观世音，暮念观世音，念得身心放空，念得自我中心、自私自利的观念不再生起，那么就一定可以"人离难，难离身，一切灾殃化为尘"了。

## 本论

### （一）人类观——五蕴→五蕴皆空——人的本身即解脱自在

> 舍利子！色不异空，空不异色；色即是空，空即是色；受、想、行、识，亦复如是

舍利子，即《阿弥陀经》里面所称的"舍利弗"。"弗"是梵语，译成中文就是"儿子"的"子"。"舍利"原本是印度的一种鸟，这种鸟眼睛非常明锐，舍利弗的母亲眼睛明锐得像舍利一样，所以取名为"舍利"。她这个儿子从母得名，所以叫"舍利子"。

人是由五蕴所成，我们若能如实观照五蕴本空，那么，虽有身心的现象，也能够生活得解脱自在。然而要把五蕴看空，必须用智慧。用智慧看五蕴怎么看法呢？观世音菩萨对释尊的弟子，被称为智慧第一的舍利弗尊者说："舍利子啊！色之于空，并没有不一样，空之于色，也没有不一样；色就是空，空也就是色。"

这里的"色"，就是五蕴中的"色蕴"，属于生理

的、物质的现象。其余受、想、行、识四种，是属于心理的、精神的活动，它们与空的关系，和色蕴完全一样。也就是在本经"色不异空，空不异色；色即是空，空即是色"之下依式写成"受不异空，空不异受；受即是空，空即是受。想不异空，空不异想；想即是空，空即是想，……识即是空，空即是识"，不过为免繁赘，只用"受、想、行、识，亦复如是"一句概括了。

我们再进一步问，何谓"色不异空"呢？"色"在这里是指我们的身体，是由"四大"互为因缘和合而成。一般不懂佛法的人，听到"四大"就以为是指酒、色、财、气，其实这是牛头不对马嘴。四大乃指地、水、火、风，是物质界的四种特性，因为这四种特性在世间极普遍而作用又极大，所以称为"四大"。

地大表现的是坚硬性，如身上的骨骼、肌肉、血管、神经、皮肤、毛发、指甲等等；水大表现的是湿润性，如血液、淋巴液、唾液、汗、尿等等；火大表现的是温热性，就是我们的体温了；风大表现的是流动性，如呼吸和血液循环。

由这四种特性的物质和合而成的色身，必须每天摄取食物、补充水分，经过消化、分解、吸收以维持体力，而体内的废物则以粪、尿、汗水的型态排出体外；这些新陈代谢的活动都是一刻不停地进行着。根据生理学者的研究报告：每六至七年，我们身上总数约六十兆个细胞就全部更换一次；也就是说六、七年之间，我们身上的所有细胞至少经过一次生死。像这样刹那刹那不停地变化，几十年之间，身体组织就变老了，今天生这个病，明天闹那个痛；当有一天，救治不了，这条命便报销了。

所以凡夫众生执为实有的这个身体，殊不知从因缘的观点来看，它是四大和合，一息不停地变化，根本没有独存性、不变性与实在性，只是"假有"——暂时的有，空幻而不真实，一旦和合的关系结束了，身体也就随之死亡、朽坏、消失。这就是"色不异空"的道理所在。

可是，倘若仅仅抱持一味"色不异空"的观念，三世论者会流于小乘声闻的"偏空"思想，而一世论者则会堕入可怕的虚无主义了。因此下文要紧接上一句"空不异色"。前句以因缘灭故，色不异空；后句以因缘生故，空不异色。色不异空，所以能见有如空，在生死不异，住解脱自在。空不异色，所以能住解脱自在，但不离现实生死界，这就是大乘菩萨了。

这里我们要注意到，"空"是因为有"色"才知道有"空"，离开了"色"来说"空"，不是真的"空"。例如农禅寺的大殿，本来空无一人，现在却有这么多人；农禅寺真的有这么多人吗？其实本来没有，待会儿又不见了。也就是说，本来没有人，而现在却有人了；当它有人的时候，的确是真的有人；但是我们知道，等一会儿这些人会散去不见的，由此可见，"色"与"空"本来就是相即而不相离的。同理，我们的色身，在母亲怀我们之前是没有的，是在"空"中，而现在是活生生的躯体，其实它本不自有，而将来死了，又消失不见了，像这样，即"色"而显"空"，才是"真空"。

如果只说："色不异空，空不异色。"可能有些人听了，以为色与空虽不相离，可是色是有，空是没有，色与空毕竟是有别。所以观世音菩萨接着告诉舍利子说："色即是空，空即是色。"这是说：我们的色身，无非是以四大为因缘而起生灭变易的延续现象，真观色身的本身就是无常（非不变的）、是无我（非独存的），合而言之就是空的（非实在的）。反过来说，这

无常、无我的空相，绝非一无所有的空，而是因缘而
生，宛然存在的身体。如此，色与空，空与色，只是一
体两面的说法，彼此是没有分别的。

可惜世俗凡夫不明白这个道理，他们执"色"为
有，亦即执着自己实有这个身体，因而缠缚了种种的烦
恼不得自在。为什么呢？例如：我的太太跑掉了、我的
钱被倒了、我的房子被烧了、我患了高血压、我挨了别
人一拳、我被毁谤了、我要死了等等。也许有人认为毁
谤是名誉受损，与身体无关，其实人的名誉还是需要有
身体做为对象。总之，如果你执着这个身体，放不下、
看不透，这些就成了你的烦恼和痛苦。所以这种人被称
为"具缚凡夫"。

至于小乘行者也是未了达即色即空、即空即色的大
乘空慧，固然体证了色身是空，放下了对色身的执着，
却没有放下对法的执着，所以急欲出离世间，趣入涅
槃，这一期生命结束之后，再也无需也不想接受另一个
色身，这种一味"耽空滞寂"，我们称之为"偏空"。

讲完了"色蕴"，接着我们讲另外四种属于心理的
精神活动，即"受、想、行、识"四蕴。这四蕴也莫不
一一皆如色蕴，是如幻不实，缘起而性空，性空而缘

起的。

受蕴——"受"是领纳的意思。是我们身体的官能，即眼、耳、鼻、舌、身等五根，与外在的环境（色、声、香、味、触）接触所产生的种种感觉，可分三种：苦、乐、舍。苦受是不舒服的感觉；乐受是舒服的感觉；舍受则是不苦不乐，纯粹是感觉而已。

想蕴——是与外境接触而产生的认识作用，即对于外境的了解、联想、分析和综合等等心理活动。

行蕴——是与外境接触之后，心理所起的对策。例如你搭乘公车，车内很拥挤，突然被人踩了一脚感觉很痛。这个痛觉，就是"受"。于是你赶紧抬起头看是谁踩了你，噢！是个急着想找座位的胖妇人，这是"想"。这时，你决定瞪她一眼，还是埋怨她一句了事，或者向她说："对不起！我的脚把你吓了一跳。"这种决定处理事情的意志、意愿，叫作"行"。

识蕴——是指对外境（色）以及因外境而起的感觉（受）、认识（想）、意志（行）等活动能起了别识知作用的心之本体。所以"识"统摄了一切心理的活动。由于无明所覆，凡夫对于身心自体以及身心所依的外境，有着强烈的爱执染着而造作种种善恶行为，积聚成为业识，由是依业受报，生死死生不得解脱。所以这个"识"是连贯凡夫生命之流的主体；这个主体绝非如一般神徒所相信的那种永恒不灭的"灵魂"。它不停地积聚业种，也不停地随缘现行，好比栈房一样，货物搬进搬出，变动不已。不仅前生与今世，今生与来世识蕴质量彼此不同，即使一念之间也前后不一了。

所以，凡夫众生的心理的、精神的活动——受、想、行、识四蕴，也和色身一样是如幻不实，缘起而性空、性空而缘起的。

因此，经文的"色不异空，……亦复如是"也可以并写成四句，即"五蕴不异空，空不异五蕴；五蕴即是空，空即是五蕴"。

既然五蕴是空，五蕴非我，那么其他的人，乃至一切众生，也都无非是缘起幻现，了无真实的自性可得。从如此甚深的空慧之中即能发起大菩提心。

一位大乘菩萨持一切净戒，修一切善法，度一切众生，且如《金刚经》上所说的："我应灭度一切众生，灭度一切众生已，而无有一众生实灭度者。"造作如此大的功德，却不觉得自己做了什么功德。为什么？就是因他具备了无我相、无人相、无众生相、无寿者相的般若智慧。

总而言之，心理的活动，在凡夫来说叫作"受、想、行、识"；在佛、菩萨的境界则叫作"后得智"，是"大用现前"，是大慈悲、大智慧。而构成身心的"五蕴"在佛、菩萨的境界，就成了化身、神通、慈悲与智慧。

或许有人以为：我又不是菩萨，听这些做什么？诸位居士，我们虽然不是大菩萨，但是既然信仰了三宝，希望将来成佛，就一定要先从学做菩萨开始，晓得菩萨是怎么看待五蕴的，对自己时存惭愧之心，对菩萨常生仰慕之心，所谓："高山仰止，景行行止，虽不能至，心向往之。"今生做不到像贤位圣位菩萨那样，只要愿心不失，来生还可以继续努力，所以我们要发愿心，发阿耨多罗三藐三菩提心，发毕竟成佛的心。

（二）宇宙观——五蕴、十二处、十八界——人在宇宙中即解脱自在

舍利子！是诸法空相，不生不灭，不垢不净，不增不减

上面这一节经文，是宇宙观的总论。佛教的宇宙观包括五蕴、十二处、十八界，说明人在宇宙之中就是解脱自在。

何谓"宇宙"？古人说："上下四方曰宇，往古来今曰宙。"所以"宇宙"就是指无限时空中的一切事物。谁能够知觉时空的存在呢？主要是人类。人类透过多种官能，如视觉、听觉、嗅觉、味觉、触觉、动觉、平衡觉的协同活动，再加上经验；以此认识事物的深度、形状、大小、颜色、运动以及与自身的相对位置等等，因而知觉到空间的存在；同时，人类经验着外界事物各种持续不断的变化现象，如昼夜更替、夏去冬来、生命的生死枯荣，乃至自身生理的周期现象等等，而知觉到时间的存在。人类根据空间与时间的知觉而论究宇宙的原理所提出的观念，就叫作宇宙观。

观世音菩萨继续对舍利子说："是诸法空相，不生不灭，不垢不净，不增不减。是故空中无色，无受、想、行、识。"

"是诸法空相"的"诸法"即五蕴法，包括一切物质与精神；佛法的名词称为"色法"和"心法"。前面是以人类身心的五蕴法来观空，本节则是以时空现象的五蕴法来观空。从时间的立场来看事物，叫"生灭"；从空间的立场来看事物，叫"增减"；从凡夫的立场来看时空的现象，则有欣喜和厌恶，欣喜的叫作"净"，厌恶的叫作"垢"。因此从凡夫位所看到的宇宙，无非是生灭、增减与垢净。然而以佛法的观点而言，一切都是"不生不灭，不垢不净，不增不减"的。什么道理呢？我们依序来说明。

世间的事物，从无变有叫作生，从有变无叫作灭；生与灭，以凡夫的知觉而言，是真实而不假的。但是换作佛法的立场，则生与灭其实都是暂时的，不是生了就永远生，灭了就永远灭，因为"生"只是由于各种因素的配合而显现，"灭"也不过是由于各种因素的解散而消失。所以，生，并非真的生；灭，也不是真正没有了。

我在美国认识两位太太，其中一位年纪较轻，生了一个女儿，我向她道喜，她竟然说："生等于无生。"我赞叹她："真了不起！你怎么知道生等于无生？"她说："现在的小孩到十六岁读高中时，就不再依着父母，要找他们也不容易了，所以我只是把她生下来养着，将来离开之后，便等于没有了。"这位太太学佛，学得真是不错哦!

另外一位太太快五十岁了,她有一个儿子,大学刚毕业,突然患心脏病死去。她痛苦得受不了,一直找我问:"师父!我的孩子在哪里?你能不能教我修行,修到让我可以见到我的儿子,只要再见一面,我就甘愿啦!"老年丧子的悲痛是可以想象的,特别是没有心理准备的情况下,所以我总是安慰她,但每次她都不死心。最后一次又要求我:"师父!能不能用你修行的道力,把我儿子找回来让我见一见?"我就对她说:"以佛法来看,如果你的儿子在生时没做什么坏事,死后不是生天,就是再转生人间;要是做了大坏事,现在已经入地狱或转生畜生道去了,即使牵亡魂的人要找他也找不到了。假设他已生天,天人看人间是又脏、又臭、又腥、又乱,他绝不肯回来受罪的。万一真的有人帮你把他的灵魂召回来,可能那不是你的儿子,而是个魔鬼。"

她听了吓得瞪着眼说:"那就不要找了!"我又问她:"你儿子做过什么大坏事吗?"她摇头说:"没有。"又问她:"那有没有做过大善事?"她再摇头说:"也没有。""那么,可能他又投生人间去了。"

她楞了一下，说："又投生，又变成另一家的儿子啰？"我举个例问她："太太和丈夫离婚，离了婚的丈夫是否还是丈夫？""不，应该叫作前夫。""前夫死了没有？""没有，但不再是丈夫了。"我再问她："你儿子死了又投生，该怎么称呼？"她想了想，说："我的前子。""前子是不是你的儿子？""不是。"我说："既然不是你的儿子，你还要叫他回来，实在没有道理；这等于是前夫再婚了，而你还要他回来，太不合理。"

虽然宇宙之中的物质和生命现象，都是有生有灭，但是若把时间的距离延伸，与因缘配合来看的话，则并没有真的生与灭。所以经文告诉我们："不生不灭"。

"不增不减"是就空间的质量与数量而言，质量有多有少，数量有增有减。举人口为例，台湾有二千零七十多万人口，台北市有将近二百七十万人，北投一区有二十多万人，人口很多，但是如果来一次瘟疫或战争，人口马上会少，这是增、减。不过，构成我们人体四大（地、水、火、风）的元素是取自地球，人死后四大分离，元素又回归大地。从地球的物质成分或数量来算，不管人口增减多少，都没有离开地球，所以地球的质量是不增不减。

就生命的精神体而言，地球起初没有生命，现在地球上的众生是从他方世界转移到地球来接受共同的业报的。换言之，由于有共同的因缘而到相同的世界里来。世界不只是地球而已，佛教所说的世界广大无边，众生在各世界中来来去去。在此处造恶业，到彼处去受苦报；造善业则可能生天，或随愿生西方极乐世界、东方琉璃世界，或再投生人间仍做地球人。因此，从全体空间而言，亦是"不增不减"。

所谓"不垢不净"，"垢"与"净"是我们凡夫对时空诸相所生的执着，产生喜欢的心就说"净"，不喜欢就说不净，也就是"垢"。俗谚说："情人眼里出西施"就是最明显的例子。恋爱中的男孩，由于主观的感情因素，常把对象看成仙女下凡。不过，这种主观也非永远不变，婚前她是"仙女"，等到婚后，距离感没有了，吸引力消失了，昔日眼中的"仙女"往往就变成"母夜叉"和"黄脸婆"了。可见同样的一个人，在不同的时空环境看待相同的人事，感受是会变化的，它是出自人的妄想与执着，并没有真正的垢与净。

所以，五蕴法是空无自性的，没有时间相，没有空间相，也没有所执相。

　　是故空中无色，无受、想、行、识。无眼、
耳、鼻、舌、身、意；无色、声、香、味、
触、法；无眼界，乃至无意识界

　　上面这一节经文，是宇宙观的别论。
　　"是故空中无色，无受、想、行、识"，句中的
"空"是指"照见五蕴皆空"的"空"性。这是承接了
上面宇宙观的总论而说："因此在空性之中，是没有
色、受、想、行、识等五蕴的。"既然没有，就不用害
怕、不用逃避，更不会执着它了。只是那些抱着偏空思
想的小乘圣人，未能看透这点，急着要离开这个五蕴法
的世界，好比儒家说的"敬鬼神而远之"的作法一样。
殊不知个人虽然躲开了鬼神的缠扰，但是鬼神以及鬼神
的作用，在他的心里永远还是存在着的。
　　既然五蕴法即是空，空即是五蕴法，那么属于五蕴
法的另外方式的分类——十二处、十八界，自然也是空
的，经文说"无眼、耳、鼻、舌、身、意；无色、声、
香、味、触、法"，前六项主要是指人类身体的官能，

后六项是官能与外界接触的对象，前后的十二项都属物质体。

眼、耳、鼻、舌、身、意，眼是指视觉神经，耳是指听觉神经，鼻是指嗅觉神经，舌是指味觉神经，身是指触觉神经，意是指大脑所司的记忆、分析、思想等等功能的神经，总称为"六根"，六根个别接触的对象为色、声、香、味、触、法，称为"六尘"。

六根组成身体，又名"根身"；六尘组成我们生活的环境，又名"器界"。六尘中的法尘，是指语言、文字、思想等种种的符号，即能使我们用来记忆、分析、思想的符号都可以叫法尘。

六根与六尘加起来合称为"十二处"，是五蕴法中的"色法"。那为什么叫"处"呢？处是指所依托的地方，意思是说：经由依托而能产生另外六种东西的地方，这六种东西，就是"六识"。能使眼睛看到物体、耳朵听到声音等等而产生认识的作用，即前面说过的，属于受、想、行、识等心理、精神的活动。

所以如果没有六识的话，就不会有对宇宙和生命的体验和认识。试想，如果只有六根而没有六识，那就成了死人或植物人；要是只有六尘而没有六根，则这个世界对你来讲是不存在的，因为既然没有六根，怎么知道有六尘？人的六根不起作用，尽管世界仍在，但对死人而言等于不存在。因此，人死了若没有福报和神通，就根本无从辨识这个六尘的世界，想碰我们也碰不上，所以诸位怕鬼的人，胆子可以放大一点了！

六识属于"心法"，即五蕴法中的受、想、行、识。六识中的每一识都与识蕴有关，但五蕴里的识蕴并不等于六识中的意识。眼、耳、鼻、舌、身、意六识任何一识所产生的功能，成为业力，此业力才是五蕴里的识蕴。

综合来说，佛教的宇宙观是推源于五蕴，五蕴的物质部分（色蕴），可分析成十二处；五蕴的精神部分（受、想、行、识等蕴），可分析成六识。把六根界、六尘界、六识界合起来总称为"十八界"。界，即范围、界限的意思，表示每一部分各有其一定的概念范围和功能定义。

上面所讲的"蕴"、"处"、"界"是佛教宇宙观的三大科。菩萨用甚深的般若智慧来观照的结果，五蕴是空，十二处、十八界当然也是空。因为空，故一切"有"能依空而立，这叫"真空妙有"；大乘菩萨就是

凭这个不着空、有两边的中道智慧，离一切相，度一切
众生。

## （三）人的三世因果观——人在生来死去中即解脱自在

> 无无明，亦无无明尽；乃至无老死，亦无老
> 死尽。无苦、集、灭、道。无智亦无得

"无无明，亦无无明尽；乃至无老死，亦无老死
尽。"此乃说明十二因缘的流转和还灭也是离不了
空性。

从无明到老死一共有十二个阶段，显示生命的过
去、现在、未来三世流转的过程，这是佛法里很重要的
理论和观念。佛法讲众生，是包括六道中的一切众生，
而十二因缘则是专从人的立场来看。因为诸佛世尊皆出
人间，只有人才能信佛学佛，才能得解脱自在。十二因
缘是：无明、行、识、名色、六入、触、受、爱、取、
有、生、老死。其中"无明"和"行"属于过去世。
"识"属于过去到现世的主体，故跨越过去世与现在
世，乃至未来世。"名色"到"有"属于现在世，最

后的"生"和"老死"属于未来世。"老死"以后又再"生"，"生"一定又从"无明、行、识……"流转不已。

"无明"为生死的根本，它从无始以来就有，不是上帝给的，也不是因为自己曾经做了什么坏事。众生一开始就是众生，唯其本质可以成佛。如金矿里的金子，本来是夹杂在矿石之中，只要将石头洗炼，金子就会显现，无明如矿中之石，故有无明就不是佛，而是烦恼的众生。何谓烦恼呢？烦恼就是由贪欲、瞋恚、愚痴所衍生的种种心理现象；再由这些心理现象，表现种种的身心行为，造作种种的善恶诸业，这叫作"行"。

当一期生命结束了，生前的种种善恶诸业便积聚成一股很强的力量，让他去感受果报，而投为新一期的生命主体。这个生命主体叫作"识"，和五蕴中的识蕴是同一个东西。当人在转世投胎的刹那，他的"识"加入父精母血（即受精卵）而成为"名色"；"名"是指识，"色"是指受精卵。入胎之后，一、两个月之间，胎儿的眼、耳、鼻、舌、身、意等官能即慢慢形成，这称为"六入"；"六入"，也就是"六根"。

当胎儿出生之后，他的六根就与外界的六尘接触，这就是"触"。触之后会产生苦或乐的感"受",于是喜欢的就想追求,不喜欢的就想摆脱,这些一并叫作"爱"。当"爱"的心理活动付诸行为,成为事实,便叫作"取"。在追求或摆脱的过程,不免又造作了种种的善业和恶业,于是,便又有了未来受生受死的果报之身的因,这叫作"有"。

所以"有"与前面讲过的"识",是一样的性质,所不同的,"识"指的是今生投胎受报的因,"有"指的是来世投胎受报的因,如此而已。于是,凭着这个"有",来世又去受"生",然后"老死",就这样,三世因果生死流转的关系,像一根链条,老死以后又生,生以后又老死,……永无止期。

从小乘的观点看,十二因缘流转,就是生死不已;十二因缘的还灭,就是了脱生死,不在生死之中,进入涅槃。生死怎么来的?其根本是因"无明"而生,有生就有老,有老就有死;若没有"无明",就不会生,不生,也就没有老、死,所以小乘要断无明了生死。

然而,大乘菩萨则有更深彻的智慧观照。如前所述,既然现前的诸法都是空是假,则十二因缘所呈现三世流转的生命现象,亦不离五蕴诸法的生灭,所以当然也是空的、假的，生死的根本无明既是空的假的，就不必去断无明；而从无明以下的行、识、名色到有、生、老死，也都一一是空是假，故也不需去了生死。

换言之，当一位大乘菩萨彻见十二因缘的流转相是空的，那么十二因缘的还灭，也就跟着不存在了。所以说："无无明，亦无无明尽；乃至无老死，亦无老死尽。"句中的"尽"，是还灭的意思。因此，对大乘菩萨而言，"烦恼即菩提，生死即涅槃"，了悟空性之后，既不恋生死，也不厌生死，不被生死所缚，自在于生死之中。

经文接着说"无苦、集、灭、道"，这是指明三世因果的流转生死与生死的还灭，也是离不了空性。"苦、集、灭、道"叫四圣谛，是原始佛教的基本教理。

"苦"，生命的现象就如苦海，有三类八种，这在前面讲"度一切苦厄"的时候说过了。"集"是指苦的原因，人因无始以来的贪、瞋、痴等烦恼，而驱使身、口、意去造作各种善恶业，由此善恶诸业积"集"招感各种苦的果报。一边接受苦的报应，一边又造下新的生死之业。所以，造业而受报，受报而造业，周而复始，永无了期。受报是苦谛，造业便是集谛。如果不想再受苦，就要修"道"。在修道过程中，渐渐地不再造苦因，终究才能"灭"苦。

由此可知，集为苦之因，苦是集之果；道为灭之因，灭是道之果。集与苦为世间因果，道与灭是出世间因果。

我们学佛就是要断除苦因以达到不受苦的目的。"凡夫畏果，菩萨畏因"，前面说集是苦因，然而流转生死的众生为什么会不断地在造苦因呢？要找出根本原因来对治它才是"釜底抽薪"之道。

流转生死的众生不断造作苦因的根源，是来自于无始以来的贪欲、瞋恚和愚痴的无明烦恼。例如遇到自己喜欢的东西，就拚命贪求，患得患失而不择手段；娶了太太生不出儿子，就想再找一个太太来生；恐怕一个儿子不孝顺，再生一个才安心。贪得无厌的同时，"顺我者昌，逆我者亡"，树立了许多怨家仇人，逞凶斗狠，报怨复仇，你来我往；再如对事情缺乏正确清楚的认识或判断等等，便使行为上造作杀、盗、淫等身业，嘴巴则造妄语、两舌、恶口、绮语等口业。

所以不断造业受苦的根本原因来自无明烦恼，也就是没有智慧！那么如何去开发智慧呢？必须修三无漏学和六度。三无漏学是解脱道的根本，而六度是菩萨道的基础，也是三无漏学的开展。

三无漏学，就是戒、定、慧。六度，就是布施、持戒、忍辱、精进、禅定、智慧。戒与定是为了得无漏慧，有了无漏慧，才能断除生死恶业，即不再造生死的苦因。

六度中的布施、持戒、忍辱和精进是戒的范围。从菩萨的立场看，有能力布施而不布施，应该忍耐而不肯忍耐，可以用功而不用功，能舍而不舍，该做而不做等等都是犯戒。至于如何持戒清净，那就要有禅定的工夫。修行禅定的方法有很多种，例如礼佛、拜忏、诵经、打坐、念佛、持咒等等。心安定才能真正持戒，才愿发布施的心；心愈安定，烦恼愈少，智慧愈增长，最后就能得解脱。所以，解脱来自禅定和智慧之力。由持戒而离苦得乐，习禅定而得禅悦，修智慧而得法喜。诸位看，这有多好！能修戒、定、慧的人实在太幸福了。

依智慧而得自在，依三无漏学而得解脱，固然不错，但是一个修行人如果心里这么想："哦！我已经得解脱了。""我已经有大智慧了。"或"我已经成为大菩萨了。"那就有问题了。在空慧的观照之下，根本是无苦、无集、无灭、无道的，这样才会不离生死而不受生死的束缚，才是真正的大自在。所以小乘说"苦、集、灭、道"，大乘菩萨则说"无苦、集、灭、道"。

经文接着说"无智亦无得"，这就更有意思了。有人一定会问：既然说没有智慧可得，那就没有可以证悟的目标了；没有目标，我来修行做什么？在前面的经文里，各位已经知道了诸法是空，既然是空，那么能观照的智，和所证得的理，当然也是空，也就是无可执着。因此，"无智"才是真智慧、究竟的智慧。

"无得"，是说没有什么可以得到。有人说修行可得功德，修行可得智慧，修行可证道果，又说什么四果、五果，乃至七果、八果，如果有果可证，就是一种执着了。现在外边有人标榜自己已证三果、四果，说自己是圣人，这种人有大问题；把证悟当作一样事实去执着，有一点宗教的体验就生狂慧，是骄慢心。

所以遵守《心经》告诉我们"无智亦无得"的话来修行才是最正确安全的。我们中国的老子不也说了吗？"大智若愚。"又说："上德不德，是以有德；下德不失德，是以无德。"

## （四）菩萨的境界——解脱自在的范例

### 以无所得故

"以无所得故"的"得"是得什么？从凡夫的立场看，世界是实有的。我们常说："人身难得今已得。"得的是什么身呢？是五蕴身。从凡夫来看，是有得的。因此，在这里要把"无所得"的问题分下面三个层次来说明：1.世法的现象；2.圣道的修证；3.菩萨无所得。

1.世法的现象：凡夫看五蕴为实有，但从佛法的观点来讲则是空的。五蕴中的色蕴——十二处是空，五蕴的身心世界——十八界是空。由于色法的肉体和心法的精神皆是空，所以凡夫所得到的五蕴身等于没有得到，故说"无所得"。十二处中的六根是身空，六尘是境空，如果我们认为六尘是空，那六根就没有作用；反之，知道六根是空，则六尘就不会影响我们。

若真的体验到不受六根、六尘所动，就不会因六尘而使六根引生贪、瞋、痴的烦恼，这叫作"六根清净"。这种情形，就是当六根对六尘时，好像镜子照着面前的事物，影像在镜子里清清楚楚，但镜子本身一无所动，不受影响，这就是"心空"。此时的六识已不称六识，因为它不再以情欲反应外境，而转为以智慧来处理外境，六识变成了智慧。

2. 圣道的修证：此即指四圣谛。集、苦是流转生死，道、灭是生死的还灭；集、苦是缘生，道、灭是缘灭。执着缘生缘起的现象，不离生死，是凡夫的境界；而执着要远离这个现象，不再生死，一心求缘灭，就是小乘的涅槃境界。

3. 菩萨无所得：大乘菩萨则认为诸法空相，不生不灭，所谓缘生缘灭，对他而言，了无罣碍，所以连圣道也无，亦无智慧可用，既然无智慧可用，当然"无所得"。

智慧可分三种：1. 世间智；2. 出世间智；3. 世出世间智。如果认为这三种智慧实有，那就有"能得"、"所得"。何谓"所得"？以世间智而言，得的是知识聪明；以出世间智而言，得的是四双八辈；以世出世间智而言，得的是三贤十圣。

现在请问诸位，什么人得世间智？是凡夫，其实有知识聪明也不错。

什么人得出世间智？是小乘圣者，所得的四双八辈：初果向、初果、二果向、二果、三果向、三果、四果向、四果，就是把小乘的四果分成八个阶段。

至于什么人得世出世间智呢？是大乘菩萨，所得的三贤十圣，三贤就是十住、十行、十回向；十圣则是指初地至十地的圣位菩萨。

从凡夫的立场看，上述这些修行阶段是有的，佛经上也清清楚楚告诉我们是有这些的，但是从大乘菩萨的立场则说没有。凡夫有得，小乘有得，而菩萨无得，所以要说"无所得"。


菩提萨埵


"菩提萨埵"即菩萨的全称，梵文作 bodhisattva，它的意思，旧译为"大道心的众生"，新译为"觉有情"。我将它分为两项来说明：一是原始圣典中所说的菩萨，二是大乘经典中所说的菩萨。

在原始圣典中的菩萨有两个阶段：一是指释迦世尊从出生、修道，到成佛之前的时期，称为菩萨。其次，在释迦世尊往昔生中，一生又一生地以种种不同的形象和类别，舍生受生，受生再舍生，这样的阶段也称为菩萨。"本生"里记载释迦世尊于过去生中，曾做过国王、做过太子、做过猿猴、做过乌龟，还有鹿、鹦鹉、象，乃至巨大的鱼等等。

佛教将一切佛经分为十二种类，名为"十二部"，其中第六部叫"本生"，述说释迦世尊未成佛前，生生世世以不同的身分、不同的众生类别来教化广度众生的故事；另有一种专讲佛弟子们在过去生中的种种因缘，则称为"本事"。

下面举几则"本生"里的故事：曾经有一个国家闹旱灾，当地的人民无食物可吃，已到人吃人的地步。后来连人肉也没得吃，释尊看到这样凄惨的情况，就化身为一条巨大的鱼，鱼身像一座肉山，让人剐他的肉充饥。由于被剐过的肉又会马上长回去，因此他忍受了千刀万剐的痛苦，终于把快要饿死的人民都救活了。另外，大家比较熟知的故事还有："九色鹿"入河救溺水的人，度他发心的故事；"舍身饲虎"是说释尊有一生曾身为某一国的三太子，在寒雪纷飞的山林中，看到一只母老虎，饿得瘫在地上奄奄一息，身旁尚有七只出生不久的小老虎绕在母虎的四周要吃奶，如果母虎饿死了，那七只小老虎也必跟着饿死。这位三太子发了大悲心，用干竹刺颈，走近母虎，让母虎舐他的血再吃他的肉，结果因此救了母虎和七只小虎的生命。

舍己利人的就是菩萨，但在原始圣典中，被称为菩萨的只有释迦牟尼佛和弥勒菩萨，弥勒菩萨是继释尊之后下一尊将在娑婆世界成佛的菩萨。

大乘圣典中有四种人被称为菩萨：第一，诸佛在尚未成佛前的因地，都称菩萨。第二，凡人从初发菩提心到成佛前的阶段，也称菩萨。例如经中记载过去劫中，有国王在世自在王佛所出家，号法藏比丘，于佛前初发无上菩提心，就是菩萨，他是西方极乐世界的教主阿弥陀佛的前身。第三，在《梵网经》、《菩萨璎珞本业经》、《华严经》里，皆把菩萨分成不同的阶次，从凡夫菩萨到贤位、圣位、等觉、妙觉，共有五十二个阶位，都称菩萨。第四，于原始的《阿含经》中说菩萨要修六度，即六波罗蜜，又可延伸为十波罗蜜。凡夫修六波罗蜜，初地以上的十地菩萨每一地修一波罗蜜，称十波罗蜜；而且每一波罗蜜又含摄无数的波罗蜜。波罗蜜即"到彼岸"、"超度"之意。用种种方法使众生从生死苦难的此岸，到达不生不死、菩提和涅槃的彼岸。这些方法总计有八万四千法门，所以六度之下常接两个字——万行，六度摄万行。另外，又可以用四句话来含摄万行，那就是〈四弘誓愿〉："众生无边誓愿度，烦恼无尽誓愿断，法门无量誓愿学，佛道无上誓愿成。"

诸位，我们每天课诵时都念〈四弘誓愿〉，这样算不算菩萨了呢？当然算。可是，菩萨要像释迦牟尼佛在因地的舍行一样，难忍能忍，难舍能舍，做得到吗？我们众生非常可怜，人家称呼自己是菩萨时，就满欢喜的，但是要叫自己去行菩萨道的时候，就舍不得了。

曾经有一位居士受了菩萨戒之后回到农禅寺来，就自称"本菩萨"如何如何。我想这个人真了不得，戒场一下子把他从凡夫变成菩萨了。我也不能说他错，戒场的法师说："受了菩萨戒就是初发心的菩萨。"本来没什么不对，但他找我时，竟然说："师父，你比丘是小乘，我现在是菩萨，所以我是在家菩萨，你是出家罗汉。"我问他："你的戒师是谁？"他说："也是罗汉。"这就是没有弄清楚，菩萨有在家，也有出家菩萨；没有说做了菩萨就不准出家，这是没有道理的。

另有一位居士对我说："菩萨一定是在家人。"我说："菩萨也有出家人。"他摇头说："不，在家人。"我再问他："你怎么证明菩萨是在家人？"他说："观世音菩萨有头发。"接着，他更提出怪论，说："出家人应该拜在家人、拜菩萨。"这都不是正信的佛教徒，没有真正懂得佛法。

须知大菩萨并无所谓在家、出家的分别，只不过有时示现在家相而已。事实上，菩萨多半示现天人相、梵天相，他们已离欲界的淫欲，没有男女的性别，所以也就没有在家出家的问题。只有欲界凡夫才有在家、出家，男男女女的问题。总之，我们人间只要发心舍己为他，就是菩萨了。

依般若波罗蜜多故，心无罣碍；无罣碍故，
无有恐怖

"依般若波罗蜜多故，心无罣碍"是呼应前面的"行深般若波罗蜜多时，照见五蕴皆空"的意思，是说任何菩萨只要依般若波罗蜜多的甚深智慧，即证毕竟空、无所得，能超越诸苦，心中了无罣碍。

一切诸佛均以智慧为父、慈悲为母，其法身是依智慧与慈悲而生。以智慧自度，度一切苦；以慈悲利人，使一切众生离苦；悲智双运，自能游刃于无间。

佛法中的智慧与慈悲是不可分的，有慈悲就一定有智慧，有智慧也一定有慈悲，如果有人自称有智慧，却没有慈悲心，那他也绝不是真有智慧。因此，不能说小乘圣者没有慈悲，如果南传佛教国家的佛教徒没有慈悲心，南传的佛教就不可能流传到现在。

为什么说"心无罣碍"呢？当一个人心中无所得，内在无我，外在无物，内外皆空，那还有什么好罣碍的？心有罣碍，一定是先有自我，有自我就会放不下人，放不下事物；心外有人、事、物种种计较牵连，梗在心上丢不开，这就是心有罣碍了。假如心像万里晴空一样，无风、无云、无雨，也无日月星辰，只是一片皎洁，不着一点微尘，这便是智慧，是心无罣碍。

请问诸位，如果心里有爱人，这是有罣碍对不对？心里有仇人也是有罣碍对不对？心里有钱也是有罣碍对不对？那心里没钱算不算罣碍？也是罣碍。你心里想："我没有爱人，也没有仇人，我什么也没有。"这算不算有罣碍？其实说自己心里没啥事情也是一种罣碍，凡是心里有计较、有执着，不管计执有还是无，都是罣碍。

我遇过好几位单身的居士对我说："法师，我跟您一样喔！"前天有位日本教授也这么说："我在学你。"我问他："你怎么学？"他说："我来台湾，没有把太太带来。"他没把太太带来，其实心里头已把太太带来了。而我呢？不管有没带，根本没有太太可带，也没有太太可不带。

所以，"人无罣碍"之意，并非执"有"才叫罣碍，执"无"也是罣碍。譬如有人说："师父，我现在已经没有烦恼了。"这就是烦恼，凡是相对的有和无，都是罣碍。

"无罣碍故，无有恐怖"。已证诸法皆空，心无罣碍的人，内既无我，外亦无物，便没有能够恐怖的自己，也没有让自己恐怖的事物了。

请问这个世上，谁在贪生怕死？是每一个"我"在贪生怕死啊！一般初学打坐的人，坐到心里有安静的感觉之后，就会有一种恐惧感产生，说不出是恐惧什么？其实很简单，人人都怕寂寞，所以打坐的时候，让自己进入一个深不可测的精神世界，便会感觉非常地寂寞，再寂寞下去，不知会发生什么事，心里便很害怕。

所以谁在怕呢？是"我"在怕。这些人常会来问我怎么办？我告诉他办法很简单，只要不想过去，不想未来，不想自己，也不想他人；专心地用方法，这时就没有什么好怕的了。想到过去会舍不下，想到未来则无法捉摸揣测，所以会害怕。

佛经说，初学的菩萨有"五怖畏"，即：恶名、恶道、不活、死、大众威德。

为什么害怕"恶名"？因为沾了恶名，便会遭人鄙视、排斥、隔离，甚至冤枉，在社会上难以立足，所以古人说："君子恶居下流。"就连坏人也怕别人说他是坏人，还想尽办法为自己的行为辩护，装作君子善人，要人肯定他、歌颂他。

害怕"恶道"，是指怕死后堕到地狱、鬼、傍生等三恶道去。其实在人间，有许多人已经像在地狱，行为已经像畜生、像鬼一样了。

害怕"不活"，是指行布施不敢尽其所有，以免自己生活成问题。这跟穷与富没有关系，有钱人也怕活不下去，好比愈大的鱼需要的水愈多，因此贪心重的人，财产只能多不能少，一少就害怕，就活不下去了。很多人只能伸，不能屈；只能富，不能穷，尤其大富大贵之人，突然一夕之间落难变穷，就自杀了。本来他多少还有点钱生活，即便没有钱，也不是活不下去，但是他却害怕活不成而自杀了。这种人很愚蠢，大丈夫应该能伸能屈，能富贵能贫贱，如此才是真正学佛的态度。

另外是害怕"死"，死是人人都怕的。初发心的菩萨，虽然发了广大心，突然要他舍身命，也一定会害怕的。

最后是害怕"大众威德"，就是指在大众面前，或有威德的人面前，心里虚怯，不敢说法。


远离颠倒梦想


"颠倒"是指不合理的思想和行为，如凡夫的我执与小乘的法执均是。

所谓我执，是指"常、乐、我、净"的思想。"常"是永恒不变的意思。外道的神我思想认为死后会被上帝召回，跟随上帝永远在天国享福，这就是"常"。还有一般民间信仰以为人死如换衣服，衣服穿旧了，换件新的；衣服穿脏了，换件干净的。我们的躯壳肉体就像衣服，可以一生一生地换，今生穿牛皮，来世穿人皮，再下一世穿狗皮，而这些皮囊里的性灵则永远不变，这种思想也是"常"。

依佛法来说，我们的肉体固然会生、老、病、死，而我们的神识也一样没有固定不变的本体。由于我们的识蕴经常因业力的作用而变化，即使今世与前世都做人，也因识蕴不同而出现人格的差异，所以实际上根本没有一个恒常不变的"我"。

"乐"即快乐之意。众生皆有不同层次的快乐，蚂蚁有蚂蚁的快乐，粪蛆有粪蛆的快乐，狗有狗的快乐，人有人的快乐，上了天，天有天的快乐。从天人看我们人间的快乐，算不算快乐呢？当然不算。我们人看狗的快乐，算不算快乐？狗吃屎很快乐，我们人会去和它同乐吗？因此，既然不同的生命层次有其不同的快乐，那就没有所谓真快乐。再从无常的角度看，世间的一切喜乐，如财富、尊荣、健康、聪明，乃至风调雨顺、国泰民安等，虽然会使人感到满足，但是到了变化的时候，苦就跟着到来，不能不说"诸受皆苦"了。

"我"是独立自存的意思。依佛法讲，一切存在的事物，都不过是因缘和合的暂时现象，绝没有任何东西是可以独立自存的。

"净"，在凡夫的立场看，也是因层次而有不同，由于心理情况的差异，对相同的境界会产生净或不净的认识与感受。而人间的清净，从天上来看，就变成了垢秽而非清净。

所以凡夫认识的"常、乐、我、净"都是颠倒见，有颠倒的思想就会产生颠倒的行为。到了小乘，则讲"无常、苦、无我、不净"，他们从常见无常，从乐见苦，知苦而知修道，修道至彻悟无我而得解脱。凡夫因为有"我"，"我"是无常的、痛苦的、不净的，彻悟了"无我"固然是好，但此等圣人很可能因此而厌离人间，执"无常、苦、无我、不净"，而汲汲要入涅槃。这种去了"我执"而未去"法执"还是不究竟，应该更上一层楼，修菩萨的境界，就是"非常非无常、非乐非苦、非我非无我、非净非不净"，这也就是佛法所谓的"中道思想"。"中道"就是既不执常，也不执无常；既不执我，也不执无我。

"梦想"是因为执着身和心的对立，自和他的对立，物和我的对立，乃至烦恼和菩提的对立，生死和涅槃的对立等等。在五蕴法中产生种种错误的想望，凡夫以我执为梦想，小乘以法执为梦想，大乘菩萨则已远离我执法执的颠倒梦想。

## 究竟涅槃

远离颠倒梦想之后，就"究竟涅槃"了。为什么要加"究竟"两个字呢？因为涅槃有三种：一是外道的假涅槃；二是小乘的真涅槃；三是大乘的究竟涅槃。

外道的假涅槃是"与神同在"、"神我合一"或一般人所说"天人合一"的境界。它可从两种情形来体验：一是以信仰、信心祈求上帝或神的力量的救拔，带引他到天国，达到与神同在或与神合而为一的境界。二是以自己修定的力量，达到内外统一，体验身心与天地宇宙原是一体，这就是神我合一的境界。

很多人说佛教教人消极逃避，事实上，信神的人才真正是逃避现实，他们信神，祈求上天国，再也不来人间了。至于入定的人，把自己融化在宇宙之中，自我与外界统一，像冰化入水中一样消失了，如何能产生救世的功能？另外有一种属于哲学思想的"天人合一"，它是纯学理的推论，非亲身的体验，不包含在这里面。

小乘的真涅槃，佛法称之为"灰身泯智"，即身体死了没有了，招感生死之本的烦恼业惑也泯灭了，只是三界外的尘沙、无明烦恼尚未断尽；这时像喝得酩酊大

醉的人一样，陶醉在涅槃之中，别人看不到他，他也看
不到人，因此也就无法教化世人。真假涅槃的差异，在
于真涅槃是无我的，而假涅槃则执着神我的统一，虽放
弃了个体的小我，而仍执着于宇宙之神的大我。

究竟涅槃是无怖畏、无颠倒、无梦想，不贪恋生
死，也不畏生死，自由自在于生死之中。凡夫是依业报
在生死中受苦受难，没有自由；菩萨则是以愿力在生死
中救苦救难，自由自在。两者虽同在生死，却是完全不
同的境界。所以，不离开现实的人生，随缘度化一切众
生就是大乘的究竟涅槃。

## （五）佛道——菩萨道的目的，解脱自在的终极

三世诸佛，依般若波罗蜜多故，得阿耨多罗
三藐三菩提

佛是从菩萨而来。菩萨的意思是觉有情，是自觉觉
他；自己是觉悟的有情众生，而又帮助其他的众生觉
悟，他是在菩萨道上的众生，菩萨道称为大道；在大道
发了菩提心的大道心众生，就是菩萨。

　　而达到自觉、觉他、觉满，最高人格的完成就是佛；佛是菩萨究竟的位置。在原始佛教中，仅有的一尊佛，就是释迦牟尼佛。其他的佛弟子虽然也证涅槃，但称阿罗汉。到了大乘经典，就有所谓"三世诸佛"了。因为释迦牟尼佛是过去的菩萨而现在成佛；而现在的菩萨将来也必定成佛，是未来佛。既有现在、未来诸佛，那过去一定也已有众生成佛，是过去佛。过去佛、现在佛、未来佛，就是"三世诸佛"。这无异在鼓励众生起信心，好好修学菩萨道，肯定将来都会成佛。

　　从时间上来说，有三世诸佛，而时间离不开空间，既有三世诸佛，也就一定有十方诸佛。我们皈依三宝，乃是皈依"十方三世一切诸佛"。由此可见，成佛是菩萨道的终极点，我们应等视一切菩萨都是未来诸佛。经文强调菩萨依般若波罗蜜多来度一切苦厄，而诸佛也是以般若波罗蜜多来成佛，所以说"依般若波罗蜜多故，得阿耨多罗三藐三菩提"，这是说如来的果位。

　　"阿耨多罗三藐三菩提"译成中文是"无上正等正觉"，又称"无上正等正遍知觉"。正觉，即正确的觉悟；无上正觉，就是悲智圆满的如来果位。正觉一定是从正行产生，正行一定是从正信而来，即从正确的信仰产生正确的修行，再从正确的修行达成正觉的目的。因此，大家平日应该多读正信佛教的书籍。

## 结论

下边我们要讲流通分了，也就是《心经》的结论。

故知般若波罗蜜多，是大神咒，是大明咒，是无上咒，是无等等咒；能除一切苦，真实不虚

这一段是用真言为比喻，来赞叹般若波罗蜜多，意思是说："因此可知般若波罗蜜多实在太好了，它就好比是大神咒，是大明咒，是无上咒，是其他咒所比不上的。它能使众生除去一切苦难，这是真的，一点也不假哟！"

在讲绪言的时候，我们曾简单地提到《心经》的来历，这里再做小小的补充。《心经》的主要部分，即"舍利子！色不异空，……无智亦无得"计一百零九字，是源自于《大般若经》第四〇三卷〈观照品〉第三之二，并与《大品般若经.习应品》第三的内容相同。

另外，"是大神咒，……能除一切苦"计二十二字，与《大般若经》第四二九卷〈功德品〉第三十二，以及《大品般若经·劝持品》第三十四的文字大同小异。

也就是说，《心经》在《大般若经》中有它的根据，但原来不是连在一起的。当后来被译成汉文的时候，这两部分已经连在一起了，可能是在印度就有人做了这项工作，并将它称为《心经》。不一定是中国译师玄奘，或在他之前的罗什法师所为，所以这部经不但在中国重要，在印度也很受重视。

"咒"在梵文称"陀罗尼（dharani）"，有总持、能持、能遮之意。总持，谓总一切功德，持无量义理。能持，是指它能含摄保存无量的内容。而能遮，则谓具有无量神变不思议的功能。另外，"咒"又名"曼陀罗（mantra）"，意为真言，也有神咒、秘密语、密咒的含义。陀罗尼和曼陀罗本来是印度婆罗门教所惯用的语言，释尊最初不用它，到大乘般若经典发达后，才有了秘密般若部的成立。

"大神咒"是说有很大功能的咒语，而且此"大"不是比较的大，是绝对的大，大得不可思议。

"大明咒"，大明能破一切黑暗愚痴，所以大明即大智慧之意。

"无上咒"意谓最高、最尊、最胜的咒中之咒。

"无等等咒"意谓无任何一咒能与之相比。

"能除一切苦"，此句呼应经首"照见五蕴皆空，度一切苦厄"，然后说"真实不虚"，很肯定地表示："就是如此，一点不假！"

这里所赞叹的就是"空"。若能实证空性，还有什么事办不成？空，即智慧、般若。

　　即说咒曰：揭谛，揭谛，波罗揭谛，波罗僧揭谛，菩提萨婆诃

于是就念一个咒语："揭谛，揭谛，波罗揭谛，波罗僧揭谛，菩提萨婆诃。"这是真言大成就、解脱大自在之意。

"揭谛"是去、到的意思。

"波罗揭谛"的"波罗"意谓彼岸，"波罗揭谛"就是到彼岸去的意思。

"波罗僧揭谛"的"僧"，众的意思，"波罗僧"表示众多法门，有六波罗蜜、十波罗蜜乃至无量波罗

蜜。此言有无量能度脱生死的法门，依这些法门到彼岸去。

"菩提萨婆诃"的"菩提"是正觉、佛道。"萨婆诃"是大圆满、大成就之意。

将此咒连贯一气来念，意思就是："去呀！去呀！去彼岸呀！用许多许多到彼岸的方法去彼岸，去成就菩提大道。"就这样一直念，一直念，到最后你不去也会去了。

《心经》讲到这里，也是"菩提萨婆诃"，功德圆满。

*（一九九一年一月十四、十五、十六日讲于农禅寺，温天河居士整理录音带，圣严法师亲自修订成稿）*

第三篇

# 心经实践

## 一、人生的意义

《心经》几乎是每个人都知道的，即使不识字的老菩萨们也多能背诵，因此讲《心经》的人特别多，听的人也最有兴趣。今天国父纪念馆不仅这大礼堂满座，连走道上也都坐满了，这并非我圣严的魅力，而是由于《心经》实在太吸引人了。

大家都知道佛法是讲"空"的，"空"究竟是什么意思？是否什么也没有？或者是一种消极的观念呢？其实不是！如果懂得《心经》，就不会认为佛法讲的"空"是什么也没有，它绝对不是消极，而是超越于积极与消极的一种最积极的思想。

刚才主持人叶树姗菩萨介绍我很有学问，是一位研究佛学的文学博士，那么我这三天晚上讲经，一定要讲得有些学问，否则诸位要失望了。但是我会讲得让诸位听得懂，如果听不懂，你们还是会失望。因此我要试着讲得既有学问，又听得懂。

## 生活. 生命. 人生

现在开始讲今晚的主题"《心经》生活系列讲座"。一连三个晚上皆是讲《心经》与生活、生命、人生的实践与超越；亦即这次讲《心经》，是配合生命、生活与人生来解释。让我们一样样地来介绍。

生命、生活、人生的定义是什么？生活是众生以活动来维持生命的现象，生活是生命在空间的环境中求生存的活动方式，生活是生命在众生群中造作善业与恶业的行为。这些关于生活的定义，请各位要了解。

一般人对于"生活"究竟是在为什么，多半不清楚。以佛法的立场来看，生活本身即是造业，所造有善业、有恶业。如果是一位修行人或是大修行人，是造无漏的善业；普通的凡夫是造恶业以及有漏的善业。看看我们平常生活中是造善业或是恶业？造善业很好，造恶业会很麻烦，怎么麻烦法，后面会提到。

　　生命是众生维系身体生存的现象，生命是众生在时间过程中继续存在的事实，生命亦是众生在众生群中接受福报及罪报的现象。所谓生命就是我们活着时所呈现的动态，生命的事实是为了什么？是由于过去世造了种种善业及恶业，现在世便受福报及苦报。

　　人生是人类在时空中生存的现象，人生是人类从出生到死亡的全部过程。人类的生命是众生之中最难得的果报。

## 人身难得，佛法难闻

　　众生可分有形的和无形的两大类，在佛法中有六道众生的分类法，人及畜生等动物是有形的，其余四类均非肉眼所能观察，所以是无形的。人在六道中不是最好的，也不是最高的，但人类的身体是最可贵的。因为佛说："人身难得，佛法难闻。"在六道众生中唯有人是能修行佛法的道器，即修道的工具。当我们还拥有人的身体时，要加以把握修行佛法；有朝一日变成为其他动物，或变成无形的众生时，就难得有机会修行佛法了。

　　我们法鼓山养了一只狗，它在我们做早晚课时一定参加，但是它只能坐在大殿门外，不能进大殿来。有人讲我们那只狗懂佛法、有善根，我却不这么认为。那是因为我们大家都在大殿上，它很孤单，所以就在大殿外等我们、陪我们。我们念〈大悲咒〉及《心经》，它会念吗？我相信它不会，最多觉得喜欢，已是善根福报。所以，做了人以外的众生是很可怜的。

《心经》说的道理全是人的问题，是为"人"而讲的。佛法是对人说的，因此得先得到人的身体，才有机会听到佛法，懂得佛法，并且充分地修行佛法。譬如《心经》中所说的五蕴、十二因缘、十八界，全都是"人"才有此条件；人以外的其他众生不具备五蕴、十二因缘及十八界那么多的条件。

有些人认为做人很辛苦，不如一死百了，死了以后大概就没事了。我说，死了不得了！因为死了以后，业报未了，死了以后，佛法未学，是多么地可怜！

《心经》所讲的三世十二因缘，就是以十二个阶段，说明人类生命从过去世到现在世，再从现在世衔接到未来世的连续现象。人类的生命即如此再生再死地一再循环不已，此乃所谓人的生命的三世循环。因此，佛教徒的人生观，应该是珍惜生命、积极生活的菩萨行。

《心经》的智慧即是教我们如何实践积极的人生观，而又能超越于自我为中心的自私自利。

　　简单说，《心经》的内容是在说明人生的根源出自无明，生命的目的是为了成佛，生活的态度是要达到心无罣碍。因为有无明的烦恼，故而生死不已。如果无明尽，那就能成就阿耨多罗三藐三菩提，也就是成佛。而欲成佛，一定要在日常生活中做到心无罣碍。

## 《心经》的翻译

　　《心经》是什么样的一部经？在我们中国一共有多少中译本？以及平常大家所用的究竟是哪一种译本的《心经》？

　　自第四世纪姚秦鸠摩罗什三藏（公元三四四—四一三年）到第十世纪北宋太宗时，近六百年间，将印度梵文的《心经》翻译成汉文，前后共有十一次。现在在《大藏经》中还能见到的有八种，其中一种为梵文音译本，看起来就像是咒语。

　　目前世界上最标准的《大藏经》版本是日本大正年间编成的《大正新修大藏经》，里面所收的《心经》，八种之中有四种称为《般若波罗蜜多心经》。玄奘三藏的译本即是其中之一。鸠摩罗什最早翻译的《心经》称为《摩诃般若波罗蜜大明咒经》，唐朝摩竭提国的三藏法师法月所翻译的叫《普遍智藏般若波罗蜜多心经》，宋朝施护翻译的叫《佛说圣佛母般若波罗蜜多经》。

在这八种译本中，鸠摩罗什及玄奘所翻译的内容几乎完全相同。唯罗什及智慧轮把观自在翻译成观世音，而玄奘及其他的翻译本则把观世音翻译成观自在。观自在及观世音两者皆对。

一般佛经的形成都相同，均具备初、中、后三个部分。第一部分名为序分，说明佛说法的时间、地点、因缘及与会的听众；次为正宗分，即是佛经的主要内容，说明该经的义理；最后为流通分，点出大家听了佛法皆大欢喜，信受奉行、作礼而去。就像我们听完《心经》之后，也会法喜充满，鼓鼓掌，然后回家。但是《心经》的八种译本中，玄奘及罗什所翻译的只有正宗分而无序分及流通分，其他六种则三个部分——序分、正宗分及流通分全部具备。中国人喜欢简单明了，因此去头去尾的玄奘本大家很喜欢。

罗什三藏及玄奘三藏之译本，开头均说"观世音菩萨"或"观自在菩萨，行深般若波罗蜜多时"，看起来好像不是由释迦牟尼佛亲口讲这部《心经》给听众中的代表舍利子听的。乃是由舍利子承佛威力向观自在菩萨请法，而由观自在菩萨亲口为舍利子等大众说的。

然在其他译本中，都以"如是我闻"开头，证明是阿难尊者亲自听到，释迦世尊也在现场，证明观自在菩萨向舍利子说出的《心经》是真实的。不过，《大般若经》中所见，是佛直接向舍利子说的。不论是佛所说或是观世音菩萨所说，两者皆可视为正确，唯都无法考证，反正我们只要知道《心经》非常好，对我们很有用处即可。

玄奘及鸠摩罗什翻译的《心经》都很好，不过玄奘大师翻译了六百卷的《大般若经》，而且玄奘所翻译的《心经》译本最为简洁，因此历来皆以玄奘所译的最为大众喜用，我也都用玄奘的译本。此次是我第四次讲《心经》，每次所讲内容均有点不同。

## 般若

接下来解释《心经》的题目"般若波罗蜜多"。"般若"是由梵文翻译过来的，通常译为"智慧"。在我年轻时，因为头脑的反应总是慢人家半拍，常有人问我："你的般若到哪儿去了？"也就是说，头脑不清楚，即表示没有智慧"般若"。另外还有四种意思：
1.是慧（通达空性）；2.是明（无无明）；3.是清净
（无烦恼）；4.是远离（去执着）。

"慧"的意思是了解什么是空；凡是看到、了解或
悟到空的道理，就叫慧，或叫般若。"空"不是头脑空
空，肚子空空，一切都空空如也，什么也没有的意思。
"明"与"无明"是相对的。无明是没有智慧，是烦
恼，就好像天空被乌云遮住，看不到太阳；明则如空中
的乌云散尽，万里无云，是指心境的明净。

"清净"是对"污染"而说，是指心清净，心不污
染。心不受环境中之七情六欲所困扰，谓之清净。

写小说的女作家李昂曾对我说，她在七情六欲中写
小说，离开七情六欲就没什么好写了。我说我同意，但
是应该在七情六欲之中，疏导七情六欲而不为其所困。
她听完我的话之后，很赞成，表示要来参加三天的禅修
活动，并说没想到学佛也可以有七情六欲。但是要能够
不受七情六欲所困扰、所污染，那才是工夫。

第四个"远离"是离开自我价值的执着，即是般
若、智慧。大家都希望有个自我，并且表现自我，凸显
自我，这是正常的。我们一定是先对自我肯定，慢慢才

能够放下自我。一个连自我都无法肯定的人，遑论放下自我了。所以肯定自我是第一步。学了佛之后，如要得智慧，那就要把自我放下，放下对自我价值判断的执着，却不是什么都不要了。

## 波罗蜜多的超度

"波罗蜜多"有些地方简译成"波罗蜜"，中文的意思是从此岸超越到彼岸。此岸是生死苦海，彼岸是不生不灭的涅槃，最高是成佛。另外还有超度、度脱、事究竟的三种意思。一般人都知道人死后要念经为他超度，相对地，人活着时不需要超度；这是绝对错误的观念。事究竟的意思是应该做的事全部做完了，没有什么还未完成之事。这是指两件事，一为修福，一为修慧，这两种任务都圆满达成，就叫到彼岸，亦即究竟涅槃的意思。

有些人忙于名、利、权、势、地位，没有时间学佛，总是说要等自己年纪老了，把事业做完，才来学佛。此种人是至死都无法学佛了，因为要争的名位、权势是永无止境的，要赚的钱财是永远嫌不够的；想得到的东西是没有边际的，得到之后又失去之时，总是希望再把它取回来，失败之后永远还想着东山再起。

人无百年寿，却有千年忧，明明人都快死了，还想着许多事尚未完成，想跟阎罗王讨价还价，让他多活几年，把心愿了了。这种"了了"，与我们现在讲的波罗蜜"事究竟"是完全不同的，那种世俗事是永远无法了，若想求解脱则可做得到。但是请不要误解，不要为了求解脱就什么事都不做了，对于自己的责任和义务仍要当下承担。

我们现在说的波罗蜜是针对般若波罗蜜而言，而"般若波罗蜜"是六种波罗蜜中最重要的一种，只要有了"般若波罗蜜"，其他五种波罗蜜自然涵摄在内。

波罗蜜又叫"度"，六种波罗蜜就叫六度。六度是菩萨道的总纲，以布施、持戒、忍辱、精进、禅定和智慧的六门，涵摄一切自利利他、利益一切众生的法门。而在此六度之中，又以智慧最为重要，否则纵然把前五项修得很好，最多只是一个懂得珍惜生命、能够积极生活的人，却仍然无法达到心无罣碍的超越境界。所以虽然六种波罗蜜都叫作"到彼岸"，唯以般若波罗蜜最为重要。

我们学佛的人，当以六波罗蜜之中的般若波罗蜜为

起点，也以般若波罗蜜为终极。我们在刚刚学佛时一定
要具备正知正见，这是从听闻正法而来，以正确的佛法
告诉我们应该怎么做，即是仰仗佛法的般若。这不是我
们自己的，而是借佛的智慧，来指导我们，如何修行其
他五种从布施到禅定的法门。否则仅修前五种，而不以
般若做为指导修行的眼目，也不以般若做为修行的最后
结果，那只是修的人天善法，而非航出苦海的佛法。

　　诸位今天来听《心经》，听的当然是般若，我们大
家都还没有成佛，还没有得到般若波罗蜜，但我们用佛
的智慧来指导我们如何生活，如何活得更有意义，活得
没有那么多的麻烦与痛苦，这就是用佛的般若赐给我们
的好处。

## 布施最容易

　　学佛最容易的是布施，但是如果自己一无所有，拿
什么布施呢？所以我们还是需要争取或制造，从无变
有，生产更多的东西来分享给别人，自我成长得到更多
的知识和技能帮助他人，修学更多的佛法道理利益他
人，这就叫布施。至于能否更进一步持戒、忍辱，可以
随时随地慢慢修学，但至少以自己的知能帮助他人解决

困难的布施行，是人人皆可随分随力做得到的。譬如在座的菩萨们虽然尚未亲自悟到般若智慧，但你们已经在做布施了，你们正在布施时间来听闻佛法，我很感谢你们的大布施；但是诸位不要以为自己布施之后，就以为有谁欠了你们什么了，便是无我的般若。

正如前面所提到的，凡夫学佛，有缘听闻佛法之后，即应从布施、持戒、忍辱、精进、禅定等依次第着手。这五项波罗蜜多虽说有次第顺序，却也可以同时并行；如此依法修学，最后必定能够明心见性、开悟成佛，那便是无我无相的智慧现前，便是般若波罗蜜多。

佛陀经过三祇百劫修行菩萨道，难舍能舍、难行能行、难忍能忍，行持六种波罗蜜多，因而成佛。而在成佛之后，虽然智慧已圆满了，慈悲也圆满了，还要住世四十九年，做大布施，利益众生。可见布施乃六波罗蜜多之基础，而般若则集六波罗蜜多之大成。

## 心的意思

现在说明《心经》的"心"是什么意思？心可以分六个层次或六个名词来介绍：

（一）肉团心，是人的心脏。

（二）草木心，是物的中心。

（三）缘虑心，是人的妄想，即是我们胡思乱想的心。

（四）分别心，是人的执着，即是对于好、坏、多、少种种分别的心。

（五）集起心，即是人的业识，人们的身、口、意，天天都在造业，造业之后就变成业识。

（六）不生不灭心，那就是清净的智慧，也就是般若，亦即五蕴皆空。

前面的五种心，实际上涵盖了《心经》所讲的五蕴皆空的"五蕴"。心脏的心和物体中心的心属于色法，是物质现象，又叫色蕴。而缘虑心、分别心、集起心，属于心法，也就是心理和精神的现象，含有受、想、行、识的四蕴。第六种心是观自在菩萨有了深般若之后，见到五蕴皆是空的，那是清净心，是智慧心。我们学佛的目的就是要观五蕴皆空，而得清净的智慧心。当清净的智慧心现前时，我们便能够离开一切苦难了。

## 《心经》的心

《心经》是代表六百卷《大般若经》的心要。卷数实在太多，一般人不易读，如无法读《大般若经》，至少可以读仅有二百六十字的《心经》，读了《心经》就等于读了《大般若经》的精义，所以我鼓励大家要多念《心经》。

《心经》的内容也代表全体佛法的心要，无异是一部简明的佛法概论，从基础佛法到究竟佛法均已阐明，所以是《大般若经》的心脏，也是一切佛法的核心。如从广义面讲，《心经》的内容涵摄了上述六种心的范围。

《心经》的目的在分析人生、生命、生活的现象，皆离不开五蕴，然而虽在五蕴之内却能照见五蕴皆空，使得一切的苦厄获得解脱；并且更深一层地指出，虽然知道五蕴组成的身心世界是空的，若能不执着于空，也不执着于有，便能够落实于慈悲的实践和智慧的超越。换个方式说，《心经》告诉我们，佛法不是厌世的，亦不是恋世的，而是入世的，更是化世的。可知《心经》是多么地重要。

《心经》的心，即是智慧的空。许多人认为佛法讲空，是厌世的，这是一种误解。佛法让我们从烦恼的苦难中得到解脱，让我们一方面遇到环境的压迫时，不会那么地无奈、无助、失望、痛苦；更使自己从修行的方式和过程中，还能够帮助他人解决苦难的问题。

厌世是逃避现实，自讨苦吃；入世是自利利他，不是占有恋栈；化世是广度一切众生，却不以为有众生可度。佛法的基本观念是不厌世、不恋世，但有一个更重要的观念，就是少欲知足，厌离对五欲的追逐，厌离生死的苦海。因此要修学佛法的持戒、修定而得智慧，然后就能够像莲花一样，生于污泥而不被污泥所染，莲花从水中长出而不沾水。佛菩萨的精神即是如此，不逃离世间，不占有世间，但使世间净化。这不但是佛与菩萨的精神，也是他们的工作。

## 经的意思

在印度梵文的修多罗（sūtra）是指成串的花串，它有线、条、綖等意思，把如香花般智慧的语言串起来，在贝叶上写成文字，成为一部部的书籍，译成汉文，称之为"经"或"契经"，这是一种比喻。

在中国，"经"是指圣人的语录，如天之经、地之义。在儒家有五经、十三经的名称，印度的圣人佛说的法，因此比照，也被尊称为经。现代人也将一些有价值的著作，誉为经典之作。佛教的大翻译家们，把佛说的修多罗，翻译成中文时称为佛经，是非常适切的。在中国的儒家有所谓经国经世的经典，而佛经是救人济世的宝典，它有普度一切众生的功能。

## 观自在与观世音

接下来介绍观自在及观世音菩萨。一个人若能智慧神通自在，就能观一切现象，自在无碍；就能像《金刚经》所说"应无所住而生其心"。一切现象自在无碍的意思是既无主观的立场，也无客观的事物，是超越于主观与客观的相对，而能观察世间所有的现象，这叫自在。《金刚经》所说的"应无所住"就是没有把一个"自己"放在里面，亦即无主观的存在，而且没有客观的事物。智慧的应用是随人、地、时之不同而做不同之适应、回馈、处理，这叫"应无所住而生其心"。这个"心"是智慧心；"住"是执着心。没有执着心而有智慧观察的功能，就是观自在菩萨。

"应无所住而生其心"，在诸位的家中都可以用得上。家中每个人的年龄、个性、想法和需求都不同，彼此之间必须相互适应，否则必然经常发生争端。譬如在选举的时候，同住一起的家人，为了支持不同的候选人而发生家庭纷争的大有人在。夫妻之间为了挤牙膏的方式不同，也可以吵上半天，这类的例子不胜枚举。如果能够各投各的票，各人支持各人的对象，各人依各人的生活习惯，彼此尊重，不执着于"自我主观"的立场，自然能够圆融和谐，这就是"应无所住而生其心"。可见，一定要能够做到应无所住而生其心，才可能像观自在菩萨那样地自在无碍。

同时，观世音是一门深入专修耳根圆通的大菩萨，修成之后，对他自己能够心无罣碍，对于众生则能观一切世界的音声自在，能寻声救苦，处处应现，即所谓普门示现得自在。

普门示现是一门通、门门皆通，就像要进入这国父纪念馆，只要从某一个门进来之后，每个门都出得去；只怕进不来，一旦进到里面，便得自由出入。以佛法的智慧自觉觉他，用慈悲和智慧来利益众生，永远不为自己求安乐，但愿无边众生得离苦，便是菩萨的自在。

# 二、生活的实践

## 深般若与浅般若

今晚开始讲《心经》正文第一句"观自在菩萨，行深般若波罗蜜多时"。昨晚已经介绍了观世音菩萨及观自在菩萨，现在介绍深般若与浅般若之异同。

为什么有"深般若"与"浅般若"之分别呢？一般人都知道般若即是智慧的意思，但世间凡夫的聪明才智、举一反三、闻一知十，虽都是智慧，唯不能称为般若。许多的发明家、学问家，乃至于宗教家都有个人的聪明才智，能够见古人及他人之所未见。但世间的智慧都有自我中心，哲学家们认为有一个绝对的、最高的、最后的真理，或是神的存在。这些都能称得上是智慧，然与佛法所说的般若则是大不相同。

出世间的小乘圣人阿罗汉已然破除我执，从自我中心、自我烦恼之"有"中得到解脱，那种无我的解脱，算是般若，但也只是"浅般若"，还不是"深般若"，比起大乘菩萨的智慧，仍有所不足。因为大乘圣位菩萨的智慧是离开有、无二边，不执着凡夫和圣人的同异，凡圣平等，有无同体，入世化世而不受世间现象的沾染困扰，所以称为"深般若"。如果到了成佛的境界，那就叫作"甚深般若"或"无上般若"。

佛经里对于深般若和浅般若有一比喻，叫作"三兽渡河"。这故事是说有兔子（喻声闻）、马（喻缘觉）、大象（喻大乘圣者佛），三种动物同时渡一条河，兔子下了河之后，因为身体太小，脚踩不到河底，只能浮在水面渡河，对于河的深浅浑然不知；马过河时，也只能知道二边河岸的深浅，对于河中央的深度则无法知道；而大象对于河的这岸到彼岸之间全程的深浅都很清楚。

渡河的意思，引申为从烦恼、生死、执着的这一边，到达没有烦恼、脱离生死、没有执着的那一边，亦即解脱、涅槃。佛是无上的大涅槃，阿罗汉与缘觉是小涅槃；同样是般若，却有深浅之别。

凡夫众生应当从修学佛法来开启内心的智慧，此种智慧叫作相似般若，再从体会相似般若而实证实悟无相、无我及空的真般若。那就是从自我人品的成长提升，而至自我的消融。虽然凡夫不知智慧的般若是什么，但佛经告诉我们，般若是离我的，是破除我执的。当我们有烦恼时，表示我们还没有般若，只要我们愿意试着用佛法的观念及方法帮助自己减少生活中所发生的困扰及问题，也可以叫作相似般若。其意为好像是般若，但并非真正的般若。

今天上午有位在家菩萨来看我，说他心中有烦恼，家庭有问题，应该怎么办？我劝他来听《心经》，他说昨天晚上就来听了，可是似乎没有用。我告诉他，我今天早上头痛，去看医生打一针就不痛了；但是佛法没这么快，人的烦恼是多生多世累积而来的，只听一场《心经》无法把烦恼就此解除，唯有持续不断地修学佛法，更重要的是必须借"观念的纠正"及"方法的练习"，才能逐渐从烦恼困扰中得到解脱。

这位在家菩萨说，他觉得听经对他没有用，有什么方法可以让他一下子即能解决问题呢？我告诉他念二十万遍〈准提咒〉，问题就解决了。不晓得今晚他有没有来听经，也许他专心念咒去了。

佛法所说的"智慧"需要慢慢地成长，当然也有顿悟法门，要学顿悟法门，可以向我学参禅打禅七。禅的修行能使我们脱胎换骨，原因在于观念的一百八十度的转变或调整，那是对佛法观念的了解以及自己亲身实践的体验，感到受用，此乃相似般若之作用。然而必须是真正的开悟，才是真般若的出现。不是随便说上一句话就自称开悟了，要下真工夫才可能开悟。如果参加禅七，照着我的话去做，保证一定开悟，至于如何做，不是今晚所要讲的，今晚只讲《心经》。

## 照见五蕴皆空

五蕴是指构成人生生命的五个要素，其实就是物质的身体及心理和精神现象的因缘结合。五蕴即是色、受、想、行、识。

"色"是指用眼睛可以看到的一切颜色、形色，不论是什么，都叫作"色"。我们的身体是由"地"、"水"、"火"、"风"四大元素和合而成，当四大分离，我们的身体就不存在。我们的身体本来就是空的、不存在的，所以称它"四大皆空"。但亦有人把它解释为"酒、色、财、气"皆空，这不是佛法的观念。

佛法称我们的肉体为"色身"，如果仅指肉体，那可能是一个植物人或一具尸体，一定要有身体的感受、头脑的思考，以及思考如何产生行为与动作的反应，才是"活人"。

五蕴中的最后一蕴是"识蕴"，它不是认识分别的意思，而是身心配合起来而造作的种种或善或恶的行为所产生的业力，集成为生死过程中之主体，叫作业识。也就是说，从前世到今生再到来世，不能把过去世的身体带到这一世来，只有业识在生死中流转不已。

五蕴是由过去世所造之善业及恶业，所感得的果报，所以我们称这受报的色身肉体为"正报"。我们又是依着环境而生活、而生存，所以称环境为"依报"。我们这一生，所受肉身的果报有一定的寿命，即使此生多做一点好事，也不一定能长寿，其结果可能要在来生的另一个生命中方出现。

我们在生命过程中受报的同时又继续造业，在一期果报结束后，便是肉体的死亡。这一生死亡之后，来生的果报又等着我们去接受，所以学佛的人不必担心死亡，因为今生一结束，很快便接受到另外一生的果报，端视自己所造的是什么样的业。如果所受的果报还是人，那也是由五蕴所成的果报体。

五蕴的组合系暂时的生命现象，不仅肉体有生、老、病、死，心理有生、住、异、灭，连业识也随着身心变化而不断变化。肉体的生、老、病、死很容易懂，心念的生、住、异、灭却很少人能发现。通常一个念头产生之后，能够停留，停留之后会发生变化，最后消失不见，然后，另外一个念头又产生。所以我们的心是念念都在变，而每一念都在变了又变的时候，都要经过生、住、异、灭四个过程。我们业识的成分和质量，亦是随着身体和心理行为，不停地动而不断变化。

若以般若的智慧来观察五蕴所组成的生命现象，是无常的、是无我的、是空的。这"无常、无我、空"是佛学的基本常识，每个学佛的人都应该懂。由于我们的生命是无常的，有生、老、病、死，有生、住、异、灭，也没有一个固定不变的我，"我"也是时时都在变化，因此叫作"无我"。这诸行无常、诸法无我的现象叫作"空"，"空"不是没有，而是没有固定不变的人、事、物。

诸位听了《心经》之后，观念有所修正或改变，那么昨晚的你和今晚的你虽是同一个人，但并不是相同的"我"，因为这个"我"的观念有了修正、改变，这叫作"无我"、"空"。

## 度一切苦厄

我们必须先明白无我的道理，才能够度一切苦厄。

如果不能以般若智慧观照人生的生命现象及生活实况，那便在烦恼的苦海之中。因为把虚妄不实在的我当作真实的我，就有得苦头吃了。各位有没有看过"捕风捉影"的人？真的能够捕到风捉到影吗？肯定是累得半死，最后两手空空。若没有佛法的智慧指导我们，我们一生都在"捕风捉影"而不自知。因此累呀！苦呀！犹不知为何而累，为何而苦。累得起劲，累得茫然，徒劳无功。

佛说迷于生死就在苦海中，不断地造业受报，沉沦生死，就叫苦海无边。若能少欲知足、知惭愧、常忏悔、常为众生不要自私，就能出离苦海。佛法教我们少欲、离欲，又要我们广结善缘、普度众生，这两者是不会有冲突的，前者能出离苦海，后者能增长福慧，自利利他，终究成佛。

佛说人生的过程中有八苦：生、老、病、死、求不得、怨憎会、爱别离、五蕴炽盛。这八苦中的生、老、病、死和求不得的意思，大家知道得很清楚。至于"怨憎会"是指怨家路窄常要碰面，是痛苦的事。"爱别离"是指亲人、爱人不能常相厮守或一去不回头。面对生离死别的情境，也是很痛苦的。"五蕴炽盛"是指四大不调以及身心矛盾、生死流转。四大不调是指身体生病了，身心冲突或是观念自相矛盾，这都是苦海。

　　八苦之中的五蕴炽盛乃是对于身心的爱恋和执着，该是"总苦"，其他的七苦算是"别苦"。只要"照见五蕴皆空"，便可众苦消灭；不必远离五蕴，当下便得自在而解脱众苦。佛经中说，我们对身体的执着，比对任何的执着都强，要放下此一执着，必得有愚公移山的精神。另外，当自己的观念与别人的观念比较时，经常引起冲突，不能称心如意；要把自己的主观放下，想法放弃，也是非常痛苦的事。

　　事实上，身体的需求并不多，主要是企求生命的安全，希望生活的舒适，这些本是正常的心态，却都是对于"自我中心"的坚固执着，如果不懂得用佛法的观点来观照，的确不容易放下，在在都成为烦恼的根源。当没有烦恼的时候，似乎用不到佛法；而当自己有许多烦恼、痛苦，没有办法解决时，不妨用佛法试试看。

　　在座各位在遇到痛苦烦恼的境况之时，把"照见五蕴皆空，度一切苦厄"这两句话，当作咒语来念，一定有用，请诸位试试看。不断地念，一定有用。念这两句话的时候，你会有会心的微笑，觉悟到自己的愚痴，明明"五蕴皆空"，为什么我还会如此苦恼呢？

## 空即不空

下边是说法主告诉舍利子："色不异空，空不异色；色即是空，空即是色；受、想、行、识，亦复如是。"这是《心经》最难懂，却也是最容易讲的部分。

舍利子又名舍利弗，是释迦牟尼佛十大弟子中智慧第一。

刚才我们已说过，观照由五蕴组合的人生的生命现象是空，并不是消极的否定了人生的价值，而是在认识人的生命现象，不是真实可乐的事实之后，还要超越"空"、"有"以及"苦"、"乐"的执着，更积极地运用人的生命现象去修福修慧。"色不异空，空不异色；色即是空，空即是色"，这四句话是说明"空"和"色"既"不一"也"不异"的道理。接下来又说"受、想、行、识，亦复如是"，也可以说是"受、想、行、识不异空，空不异受、想、行、识；受、想、行、识即是空，空即是受、想、行、识"。

总括而言，就是"五蕴不异空，空不异五蕴；五蕴即是空，空即是五蕴"。也就是说我们的生命就是

"空"，"空"就是我们的生命。"五蕴皆空"是因为没有我，我不在里面，可是并非"无我"就什么都没有了，而是指没有"我执"。

我们再进一步地解释。"五蕴"和"空"是相即不相离的，这就是"烦恼即菩提"、"生死即涅槃"的道理。如果能够亲自体验"空"的道理，见到一切诸法现象本身即是空，就能活用五蕴组成的人生生命现象，不受众苦的煎熬，而把五蕴当作修福修慧的工具，我们称之为修道的器具（道器）。

如果仅知道"色不异空，空不异色"，换句话说，只停留在我们的生命就是空，空就是我们的生命的观念中，这是消极的，因为既然一切皆空，那还需要做任何事吗？但是身体的生命虽是空的，空里面却仍有生命存在。其实空理是叫我们不要用身体制造烦恼，要用生命修福修慧，自利利他；这叫作自在，叫作解脱。

## 诸法空相

下面说"是诸法空相"。

五蕴等的诸法现象都是无常不实、本性皆空，所以说诸法的现象本来就是空的，是暂时有而究竟无的。譬如家庭的成员不断在变化，小孩会长大成人离家成家，中年的会变老，老的会死亡；家中的年轻人结婚生子，人口变多，年老的死亡，人数又减少，这种现象也是由少变多，由多变少，由无生有，由有变无。这种情况就是暂时的有，真实的空，叫"诸法空相"。无论是家庭或社会都是空的。因为是空，才会变化多端，多彩多姿。就像国父纪念馆及里面的舞台，它本身是空的，因此才能够每天提供不同团体机构做不同的演出。

去（公元一九九四）年除夕我请一位菩萨来农禅寺吃年夜饭，他说他前一天就要先把肚子空下，才能饱食农禅寺纯素的美食。可见"空"实在好，"空"才能容得下东西。同理，诸位菩萨来听《心经》也要先把心中的成见空掉，才能听得进去，否则一边听我讲，一边在心里以你的成见提出反驳，还能接受到什么呢！"空"是真正的好，"有"并不好，诸位可在日常生活中慢慢去体会这个道理。

## 有相皆妄

"诸法"的法相，就是五蕴构成的人生现象，以及人类生命所依的自然现象及社会现象，也就是《心经》

所讲的眼、耳、鼻、舌、身、意等六根的生理现象，眼、耳、鼻、舌、身、意等六识的心理现象，以及色、声、香、味、触、法等六尘的生活环境。《心经》所说之"空相"，系指世间的一切现象，皆是虚幻不实。就像《金刚经》所说："凡所有相，皆是虚妄。"那就是"诸法空相"的意思。

《金刚经》又说："若以色见我，以音声求我，是人行邪道，不能见如来。"这讲的都是"实相无相"的道理。意思是如要见佛，不要把佛的色身相及音声相当作佛，否则就是行邪道，不能真正见到如来。这目的是要我们"无相"、"离执"，如把佛的色身及音声当作佛来执着，就是有相；若执有相，就有烦恼。

佛陀在世的时候，有二位出家弟子从远方长途跋涉去见佛。一路上非常艰难，没有水喝，其中一位因持不杀生戒，坚持不喝有虫的水，就渴死了。另一位则认为见佛是最要紧的事，为了保存生命去见佛而喝了那有许多虫的水，最后见到了佛。佛却对他说："你没有见到佛，另外因渴死去的那位比丘早就见到佛了。"这故事是告诉我们：遵照佛的教导去修行佛法的人，就是真正见到佛了。如果仅把佛的色身当作佛，却不遵照佛的教理或方法去修行的人，纵然佛在眼前，也不叫见到佛。

　　"空相"和"无相"是同义词，在《金刚经》叫"无相"，有所谓"无我相、无人相、无众生相、无寿者相"，实际上就是"五蕴皆空"。五蕴就是生命，我的生命叫我相，你的生命叫人相，众生的生命叫众生相，生命继续活下去叫寿者相。所以《金刚经》所谓的"四相"实际上就是"五蕴相"；《金刚经》所讲的"无相"即是《心经》所说的"空相"。

## 借假除妄

　　为什么"五蕴是空"？乃由于因缘所生之故。过去的因加上现在的缘，叫作因缘，几种因素配合起来叫作因缘。由因缘配合而产生的生命现象，叫作因缘所生的我相、人相、众生相、寿者相。这些就是幻起幻灭的空相。龙树菩萨的《中观论》说到："众因缘生法，我说即是无，亦为是假名，亦是中道义。"这四句话是说，"我"这样东西实际上是空的，但假其名为"我"；虽然是空，但仍有假名存在，不相冲突，这叫"中道"。

　　"空相"这名称，产生了"中观"的印度哲学；"无相"的名称，产生了中国的禅宗奥义；从五蕴的分析，特别是五蕴对心理的活动及意识的分析，而后产生印度佛教的另一派哲学，叫唯识瑜伽派。

"空"是"无常"及"变"的意思，用般若智慧看世间现象，无非是虚妄的，可是因为凡夫愚痴，对虚幻不实的东西产生分别执着，造作生死恶业。菩萨以慈悲心，借假除妄，在虚妄的世界行菩萨道，广结善缘，普度众生。

这段话是说，凡夫不知五蕴和合的身体、生命是空的，反加以执着，因而造成对自己及他人之困扰。换句话说，凡夫恋世，易导致混世，甚至乱世。圣人及菩萨以其智慧，知道五蕴所成的生命是暂时的、是空的、是假的，却是利用它来自利利他，普度众生，不为自己增加烦恼，又令众生减少苦难。这两者相较，理应知道如何取舍。我们虽是凡夫，但不须妄自菲薄，在听了《心经》之后，更应有信心学习圣人及菩萨之智慧般若。

## 空与无常

"空"即是"无常"，它可以是"消极"的，但懂得佛法之后，它必定是"积极"的。有些人在遇到挫折、不如意的事时，或许是情感上的触礁、事业上的失败，甚至官场上的不得意，而自认为看破红尘，要放下一切投入空门，要跟我来学佛、出家，我对这种人会劝他先做学佛的居士，弄清楚了出家的意义之后，再考虑想不想出家，否则出了家，还是会烦恼重重。如果这样的人观念转变一下，觉悟到一切尘俗事他都经过了，明白世事是无常的，此后愿意将生命供养给三宝，将身心奉献给众生而出家，那么我会成就他的。

懂得佛法所说"无常"意义的人，是有智慧的人。在苦难当头时，不会灰心、失望、气馁；反之，即使处在如日中天的高峰状态，也不会得意忘形，反而会产生居安思危之警惕心。因为懂得"无常"，如遭逢厄运，只要忍耐，要有毅力，命运会随之改变；一旦成功，到达了巅峰，也要有危机感。这才是对"无常"和"空"的正确认识。

能够把握"空"的义理，我们的人生将是非常有希望的，我们的前途是非常远大光明的；反之，误解了"空"的意思，则会变成消极而厌世，或者变成恋世而混世，最后造成乱世的悲情！

# 三、生命的超越

## 生灭．垢净．增减

今晚要讲的内容非常丰富，请诸位务必耐心地听，否则一晃过去就衔接不上了。今天从"不生不灭，不垢不净，不增不减"三句讲起，并且要把整部《心经》讲完，总共只有二百六十个字，却是字字珠玑，要逐字逐句详细地解释。

从一般人的角度来看，世间的一切现象都是有生有灭、有垢有净、有增有减的，几乎每一个人都贪生怕死，把生与死看成绝对不同的两回事。如果是一般人，若不迷恋人间，醉生梦死，便会厌倦人间，希望求生天国。

至于我们佛教徒看待人生，可分成四个层次：1. 祈求消灾免难，增福增寿；2. 希望永离生死，进入涅槃；3. 希望悲智双运，将来能够成佛；4. 一般修净土法门的人会先求生佛国净土成就不退菩提，乘愿再来人间。这是站在凡夫的立场而言，如果站在佛的果位来看，则没有这种层次的必要了。

究竟佛国净土是在哪里呢？佛国净土既不在东方、

西方、南方或北方，不离地球世间，也不在地球世间，而是在每一个人的心中。《维摩经》说："随其心净，则佛土净。"《六祖坛经》说："东方人造罪，念佛求生西方，西方人造罪，念佛求生何国？"这并不是否定西方净土，而是说不要把"来"和"去"、"生"与"灭"、"凡"与"圣"视为两极。因此，《六祖坛经》接着又说："凡愚不了自性，不识身中净土，愿东愿西。"诸位可还记得广钦老和尚临终时所讲的两句话："无来无去，无什么事情。"

如果有了般若的智慧，就能够看透"有"等于"空"，"我"等于"虚妄"、等于"假"；能够了知不仅世间的现象如梦、如幻、如泡、如影，即连成了佛的功德也不能够执着，那才是大解脱、大自在。大家都知道，广钦老和尚说的那句话已经成了名言，可是在你尚未往生之前，你能如此讲吗？而一旦你即将往生了，你又讲得出来吗？在那个情况下，你会感觉生与死不是两回事吗？

世间的一切现象如从统一的角度来看，生与灭是一物的两种型态，垢与净是一物的两种体会，增与减是一物的两种衡量。所谓生与灭是一物的两种型态，这很容易懂。任何一样东西出现，叫作生，到最后不见了，叫作灭。任何一样东西都无法脱离这个定律，有生必有灭。

而清净和不清净，若就同一样东西来说，在不同的心情下所体会到的自然不一样。有一次我看到一个年轻的母亲，在为她刚出生不久的小宝宝换尿片，尿片上尿、屎都有，旁人看了说好脏哟！这位母亲却一点都不嫌脏，还为她的宝宝能按时解大小便而欣喜。

另外还有一个例子，我有个徒弟，换下来的袜子不洗，全放到床底下去，等所有干净的袜子换完之后，再从床底下翻出原先换下来的再穿。我忍不住对他说："你怎么如此脏呀！"他答道："师父，都是我自己穿的东西，怎么叫作脏呢？"我们在乡村，常可发现野狗吃人粪的画面，人类看了觉得恶心，可是野狗吃屎时，就像享受一餐美食那样地津津有味。可见脏与不脏，端视当事者是用什么心情去看待。

至于增和减也是一样。譬如我们用泥土烧制成砖块，把砖块从砖窑搬运到各处工地，这边的泥土和各处的砖块，在数量上看起来是有了变化，其实搬来搬去都还在这地球上，泥土的实际数量并没有增减。

　　我们地球上的人口愈来愈多，但是从宇宙整体来看，众生界的数量并没有增减，是因为有他方世界的众生移民到地球世界来，所以地球上的人口、众生的数量增加了；相对地，他方世界的众生数则相形减少。就好像目前台湾有很多人移民到纽、澳、美、加等国，台湾的人口数量可能因此而略微减少，但是相对地，移民所到之处的人口会略增。就整个宇宙来讲，各星球的众生数虽有变动，但其总数并没有增减上的差别。

　　如果从超越于对立，也超越于统一的立场来看，既然没有"一"，当然也就不可能有"二"。关于前面所讲的种种问题，在西方欧美社会不论是从哲学或从宗教来谈，讲到最后一定有个"一"。

　　然而在佛法来讲，是不"一"不"二"，不"一"不"异"的；既不承认有多有"一"，也不意味什么都没有。"一"和"二"在基本上是相同的东西，有了一必定会有二，没有二又如何知道有一呢！因此，佛法不讲一，亦不讲二，称之为"无"，称之为"空"。

　　我们现在从心念的例子来解释这三句话。

　　"不生不灭"是指在现实生活中，心中已不会生起烦恼的念头。

　　"不垢不净"是指面对万丈红尘，心中不以众生的烦恼心为不清净的垢，也不以诸佛的智慧为净。

　　"不增不减"是指在修行佛法的过程中，既不是为增长智慧，亦不是为减少烦恼。这是超越了对烦恼和智慧的执着，已经得到大自在、大解脱的人才能如此说。我们不是圣人，但不妨学习、模仿圣人的这种心怀。

## 不执五蕴为我

　　"是故空中无色，无受、想、行、识"，这句经文实际上讲的就是"五蕴"，意思是没有五蕴。前面说"五蕴皆空"，此处讲空中无五蕴。"空"看起来好像没有现象，但是佛法讲的"空"是有现象的。以暂有的现象来看五蕴，五蕴就是空，空也就是无我。但是，请勿上当，五蕴虽空，却是要如常地运作的。凡夫用五蕴来造善业及恶业，菩萨学佛则是用五蕴来修道度众生。

## 不执六根及六尘

　　"无眼、耳、鼻、舌、身、意；无色、声、香、味、触、法"，是指人的生理构造、组织叫作六根，身体所接触的环境叫作六尘；这六根加上六尘，称之为十二处或十二入。"处"是着力点的意思，是指人在造业和修善的着力点。"入"是指功德的门路从此处开始，而造业作恶的门路亦从这里开始，因此称之为十二种入口。

诸位常听到"六根不净"这句话，一般将其解释为出家人僧德有瑕疵。事实上真要做到六根清净很不容易，是要做到《心经》上所说的无眼、耳、鼻、舌、身、意，无色、声、香、味、触、法，亦即是不再通过六根造作恶业，方能说是六根清净。如果尚未成大菩萨，其六根都还是不清净的。举凡眼睛所看到、耳朵所听到而心里起了烦恼，就是眼根不净、耳根不净。可见，我们一般人没有一个是六根清净的。是以，我们自己的六根尚且不清净，自不宜随便批评他人六根不净。

如果仅是六根与六尘，尚不能产生作用，一定要加上六识才能够产生功或过的行为。六根、六尘再加上六识就成为十八界。总括来说，生理的构造和现象，眼、耳、鼻、舌、身、意形成六根；我们身体的官能所接触到的环境和对象，称之为六尘；而我们的身体和外边的环境接触之后所产生的心理反应，叫作六识。

## 不执十八界为我

接下来我们要把经文中的十八界一一标示出来，那就是"无眼界，乃至无意识界"。"界"是区分的范围。人类生命的条件，简单地说是五蕴，详细地分析来说，便是六根、六尘、六识三类，一共十八项，叫作十八界。界的意思是每一个部分均有其一定的定义、一定的功能、一定的范围。

现实人生的生活型态，就是由于自身的六根接触到外境的六尘，产生六识的反应，又由六识的自我中心向外攀缘六尘境界，反被外界的六尘境界所诱惑，因而产生取舍等种种问题，引发出无限的苦恼。

如果以般若的智慧来观察人类的身心世界，就能够明白人类的身心世界原本是无常，原来是空，原先就无我，所以也就没有真实的十八界。现在凡夫来看与身心世界相关的三个名词，知道身体是六根，心是六识，我们存在的这个世界就是六尘；身、心、世界加起来就是十八界。

所谓没有眼、耳、鼻、舌、身、意的六根，就是前两晚所讲"四大皆空"的意思。四大和合而成的这个肉体，我们叫作"色身"，它本来不存在，将来也不存在；现在虽暂时存在，却随时不断地在新陈代谢，不是永远地存在不变，因此称之为无常、为空、为无我。

"无色、声、香、味、触、法"是指六尘界，亦非恒常不变之意。色是眼睛所接触的，声是耳朵所接触的，香是鼻子所接触的，味是舌头所接触的，触是整个身体所接触的；至于"法"是形象的符号。一、二、三、四、五等数字是符号；好、坏两个名词也算符号；语言文字是符号；观念逻辑是符号，这种种的符号都被称为"法"。

法有正、邪之分，我现在说的佛法是属正法，但有些似是而非，哗众取宠，看似很有道理，其实是自害害人的言论和信仰，则属于邪法。都需要透过我们眼、耳、鼻、舌、身、意的"根"去接收，这些法，用"识"去理解。

在今天的时代，我们千万不要随便指责别人说的是邪法、是外道法，我们这么说别人，别人一样会如此说我们，这叫因果报应。我们只管自己努力弘扬正法，至于别人是否为邪法、或是外道法，则无需予以置评，让有缘、有智慧的大众自己抉择。

眼、耳、鼻、舌、身、意的"六根"，和色、声、香、味、触、法的"六尘"，都空了之后，眼、耳、鼻、舌、身、意的"六识"，自然也就没有作用了。因为如果没有六根和六尘相接触之事实，六识就不会产生反应的功能。就好比一句成语"眼不见为净"，眼睛没有看到任何事物，耳朵没有听到任何声音，乃至意识没有接受任何讯息，心里就不会产生任何反应，不起任何烦恼。

但是，不执着十八界，却也不要离开十八界，这才是真正的"空"。十八界虽可能据以造业，然亦可用来修行。凡夫用它来造业，佛与菩萨用它来度众生。我们虽是凡夫，但要学习诸佛菩萨的精神，少造恶业，多结善缘。

## 不执十二因缘为我

经文"无无明，亦无无明尽；乃至无老死，亦无老死尽"，这是在讲十二因缘。从"无明"到"老死"是人类生命三世流转的流程，称为三世十二因缘，也就是过去世、现在世、未来世，缘生缘灭的关系。三世十二因缘说明人类生命的生从何来，出生之后如何生存，死后又往何处，以及怎么必定会有来生。许多人都有这些疑问，为什么父母要把你生下来？你活在这世界上究竟是为了什么？将来死了之后又是如何？这些问题都要从十二因缘来得到答案。

十二因缘的"因缘"二字，有时间和空间不同的用法。从空间的因缘来讲，那是五蕴的聚散关系，亦即由于我们身心的结合，形成一个人从出生到死亡的事实。若从时间的交替关系看，则是十二因缘串连成的三世因果。

要了解三世十二因缘的关系，必须先知道什么是十二因缘。十二因缘是无明、行、识、名色、六入、触、受、爱、取、有、生和老死的十二项。前三项的无明、行、识，属于过去世。

从无始以来有了烦恼的种子，叫作"无明"。有了无明的烦恼之后，就产生身心的行为，称之为"行"。有了身心的行为之后，就产生业识的力量，而造成从此生到来生，一生又一生的过程；这个推动生生流转不已的力量，叫作业识。我们每一个人在过去世都已具备了这三个项目。

这两年在世界各地很轰动的一本书叫《前世今生》（*Many Lives, Many Masters*），很多人都看过了。你们知道自己的前世是怎么回事吗？很多人都想知道自己的过去世，想透过催眠术知道过去世的情形。这并不可靠，不要上当，因为过去由无始以来，已有无量世了，怎么看得清呢？

《心经》上所讲的才是最可靠的，我们过去一定是因为有了烦恼而产生种种行为，由于行为而产生业识，所以这一世又来投胎成为人了。我们今生所接受到的，全是过去多生多世所造作善恶业的结果。

今天上午我在非常忙碌的情况下，准备喝一杯治喉咙不舒服的中药，以免影响今晚的讲经。有一位居士来看我，竟然把他的茶倒进我的药里。我说："菩萨！这是我的药呀！"他说："这就是业障。"我还真不知道是他的业障造了业，还是我的业障在受报。可以说是我的业障，但是他在粗心之中造了业。虽然他是无心的，但是他不应该把他的茶倒在师父的杯子里，这是不礼貌的行为。

名色、六入、触、受、爱、取、有等七个项目，属于现在世。"名色"是指刚入胎的胚胎。"六入"是六根具足，已经形成"人"的形体，但是仍在母胎之中，也就是我们所谓的"胎儿"。"触"是人一出生即从婴儿开始，其六根便接触了外界的环境。"受"是接触之后产生苦、乐、忧、喜、舍等五受。

有一次我看到一个刚出生的婴儿，接出产房便哇哇哇地哭个不停。旁边有个人说，人真可怜，一生要受苦受难，所以一出生就哭了；另外一个则说，不是这样，等了很久，终于来到人间，是因为太高兴了才哭的。请问诸位，婴儿究竟是因苦而哭，还是喜极而泣呢？我们大家都曾经是婴儿，但都忘了是为何而哭了。从佛经来看，婴儿在刚出生的时候，是什么都不知道，没什么喜、怒、哀、乐的问题，但是娇嫩的身体突然接触到空气，觉得并不舒服，所以哭了。

一般而言，"爱"与"恨"是对立的，在十二因缘中的"爱"，跟恨则是完全一样的情境。有了受的感触，觉受之后，对于顺意的便"贪爱"，不顺意的便会"瞋恨"。"取"是对于喜欢的要去争取，不喜欢的则加以抵抗、拒绝，由是而造成种种的善恶行为。有了善恶的行为之后，随之有了业识，这业识中的种子促使此生结束之后，再去接受来生。

由于此生的业力而招感来生的果报，接受了未来生之后，最终仍然不离老死的循环结果。"老死"的梵文是"jarā-maraṇa"，意思是在生了之后，渐渐地就在趋向衰坏，以至死亡，不论存活一天、二天乃至百年，都是从老至死的时间过程，所经历的不论是长是短，一定是走上此生生命的终站。

十二因缘无非是苦的原因以及苦的果报。在四圣谛中把苦的原因称为"集谛"，苦的果报称为"苦谛"。

《心经》中讲的"无无明"，是指先要没有无明，才能够没有烦恼；没有烦恼才不会造作种种行为；没有行为才不会产生果报的身体。无无明是从烦恼得到解脱。然后要超越于无无明，便是"亦无无明尽"；是说虽然已经从烦恼的生死苦、恐怖感、压迫感中得到解脱，但是为了救度众生，仍然在生死之中自由出入。

生死的苦报是由无明而来，菩萨与佛皆已断无明，已得解脱生死，但为慈悲度众，依然出入于生死的环境之中帮助众生。凡夫是以业报得生死，故感觉到苦；诸佛菩萨则是以其本愿入生死，故不失自在。

"乃至无老死"是从"行"至"老死"的十一个因缘得解脱。

"亦无老死尽"是不为生、老、病、死所困，也不执着不生、不老、不病、不死。

　　大乘人从十二因缘的生死苦海得到解脱，仍然要运用十二因缘、三世因果的关系修行菩萨道。小乘人厌离生死，而大乘的菩萨不贪恋生死，同时也不逃离生死，要在生死之中度无量众生。

## 不执四圣谛

　　接下来要讲经文四圣谛法的"无苦、集、灭、道"。苦、集、灭、道是小乘法，无苦、集、灭、道是大乘的菩萨法。关于"苦"，我们刚才讲了，生死、烦恼是苦的结果。"集"是制造种种罪恶和恶业，预备于将来得到生死、烦恼等苦的结果。"灭"是希望在懂得佛法之后，修持菩萨道与佛道，来中断苦的原因，来灭除苦的果报。

　　诸位常会听到两句广为佛教徒使用的话："随缘消旧业，更不造新殃。"意思是我们既然得到这果报的身体，应该要接受它、改善它，同时更不要再用它来制造损人不利己的恶业了。这就叫灭苦之道。

　　"苦"与"苦集"是生死的流转；"修道"与"灭苦"是生死的还灭。如果能修行解脱道以及菩萨道，便能灭苦而得自度，并进而广度一切众生。所谓"解脱道"是少欲知足，"菩萨道"是自利利他。很多人因少欲知足而变得消极，什么事也不做了，那是错的。物质的自我要少欲知足，修行菩萨道的方式要自利利他。综合来讲，"苦、集、灭、道"是佛法说人生是苦，而又如何离苦的基本原则。就修行而言，小乘主张离苦入灭，不再接受生死；大乘主张在生死中不受生死转，故对于"苦、集、灭、道"也不起执着。

## 无智亦无得

经文"无智亦无得，以无所得故"的"智"是般若，"得"是得到结果。菩萨有深般若的智慧，所以能知"空"而离"苦"。凡夫众生则必须求得般若的智慧方能离苦，所以说有所"得"。其实只要不造恶业的因，多修六波罗蜜的菩萨道，不要为烦恼的私利有所求，便得大自在，便得大智慧；有了大智慧则心胸广大如虚空，也就不会觉得得到了什么智慧。

诸位对"大智若愚"及"虚怀若谷"这两句话，必定都耳熟能详。真正有大智慧的人是不会表现出很有智慧的样子的；有智慧而不自以为有智慧，那才是真正的有智慧。有成就而不自以为有成就，方为真正的大成就。有大钱而不自认为是自己个人有钱，认为钱财是属于众人所有，这才是真正真正有钱的人。这就叫作"无智亦无得"。

一切的东西，你认为所得到的，其实并没有真正得到，有形的东西不可得，连身体最后尚且都要消失。有人说两手空空而来，两手空空而去，其实最后连手都要烂掉，哪来的两手呀？因此，有形的东西不可能得，无形的东西更不可得了。

## 解脱和涅槃

"菩提萨埵"是菩萨的全称，意为自觉觉他的有情众生。菩萨因有深般若波罗蜜多而能"心无罣碍"，而能"无有恐怖"，而能"远离颠倒梦想"，达到"究竟涅槃"成佛的境地。

"心无罣碍"是不受一切现象的幻影幻象的影响而起烦恼。"无有恐怖"是不再贪生怕死，也不再患得患失。恐怖的意思相当多，有的人怕穷，有人怕病，有人怕权势，有人怕阴谋，有人怕灾难等等，这些总括起来说就是怕危险、怕倒霉、怕死亡。死亡是最可怕的，生命没有安全感是最大的恐怖。

"颠倒"有四种，叫四颠倒。以我们五蕴的身心来讲，即以无常为常，以不净为净，以苦为乐，以无我为我。从佛法的观点来看人的身心，是无常、不净、苦、无我的，但是凡夫众生却颠倒过来想，认为人会永远繁衍生存下去；对于色身觉得很干净；认为自己的生活中有很多的快乐；认为内内外外都属于自我。因而对自己、对他人，带来很多的困扰及麻烦。

涅槃分成三种：1. 为外道凡夫的"假涅槃"，或称为"相似涅槃"，譬如有一些宗教的信众，自认为已经得解脱，实际上似是而非，尚未得解脱；2. 为小乘的"小涅槃"，罗汉以为从此以后已经得究竟，其实尚未成佛，他们将来还是要回小乘转向大乘，任何一位罗汉最后仍然要发无上菩提心成就佛道；3. 为大乘诸佛的"大涅槃"，到了佛的境界，完成无上正遍知觉，或称为"究竟涅槃"。

## 三世诸佛如何成佛

接下来谈到三世诸佛是如何成佛的。"三世诸佛，依般若波罗蜜多故，得阿耨多罗三藐三菩提"，这是说三世诸佛乃是依般若智慧而成佛。可见智慧实是成佛的主要因素。在佛教的四大菩萨之中，代表诸佛智慧的文殊师利菩萨，便被称为三世诸佛之母。

下边的经文指出这部《心经》乃是至高无上的究竟法门。因此说"故知般若波罗蜜多"是佛法之中最有用、最踏实、最高超的法门，它就是大神咒、大明咒、无上咒、无等等咒。

所谓"大神咒"是指《心经》的般若波罗蜜多慈悲广大、应用自在，随着人、时、地、物的需要而做灵活广大的因应。广大灵感，有求必应，有愿必成。遇大苦救大苦、逢小难除小难。无论遇到什么样的灾难，都可以化大为小，化小为无。也可以说，大神咒是有大功能的，表现出诸佛菩萨大慈大悲的救世精神。我们也应该学习这样的精神，而不是光用嘴巴念大神咒。在别人有灾难有麻烦时，伸出援手帮别人解决困难，那么我们自己本身就变成大神咒的力量了。

"是大明咒"是指《心经》的般若波罗蜜多智慧广大，随着人、时、地、物的情况而做恰到好处的应对处理。能灵活应用于凡夫的日常生活之中，引导凡夫走出感性与理性相调和的路来；既能自得其乐，又能利益众生。所以说，《心经》实在是太好了，它代表了佛菩萨大智慧的功能。

"是无上咒"，意思是说，其他任何一种神咒、任何一种明咒（秘密咒语，又称为禁咒真言），不能够超过《心经》的般若智慧这样威力和功效的了。

"是无等等咒"，意思是说，没有另外任何明咒的功效，可以跟《心经》的般若智慧相比的了。

经文"能除一切苦，真实不虚"，这两句话正好使整部《心经》前后呼应。经文的开头提到："观自在菩萨，行深般若波罗蜜多时，照见五蕴皆空，度一切苦厄。"我们如果有了《心经》的智慧，便能像观世音菩萨一样，照见五蕴组成的身心皆空，当然也就能除一切苦难。这自然是真的，不是假的，没有置疑的余地。

接下来是一段咒语，其实"般若波罗蜜多"便是咒语的本身，《心经》到此，应该是已经全部完了。现在各种译本的《心经》之末，都有如下的这段咒语，我们还是把它翻译一下。

经文"即说咒曰：揭谛，揭谛，波罗揭谛，波罗僧揭谛，菩提萨婆诃"。"揭谛"是"去"的意思。"波罗揭谛"是去彼岸，到彼岸去的意思。"波罗僧揭谛"是说我们大家一起去，一起到彼岸去。去做什么呢？去成就佛道，即是"菩提萨婆诃"。若将整个咒语连起来翻译是："去！去！去彼岸！大家去彼岸！大家一起去彼岸，成就菩提佛道！"

# 四、后记

由于《心经》的魅力和国父纪念馆的场地设备好，这三天晚上听经的菩萨非常踊跃，以致除了这大厅之外，连馆外其他四个厅及走道都坐满了听众，非常感谢大家的热心参加。对于这些无法在大厅听讲的菩萨们的不便，我感到很抱歉，我在这里向你们致意。

我们这一次讲经法会，历经半年的筹备，出钱出力的菩萨非常多，特别还要感谢负责录像转播的中华电视公司和负责摄影制作的诸位菩萨。

最后，我谨把讲经的全部功德回向给各位，谢谢诸位！祝福诸位！阿弥陀佛！

（本讲稿一九九五年二月十七日至十九日的三晚，讲于台北市国父纪念馆，由叶果智居士整理录音带成稿，嗣经温天河居士修润，最后经圣严法师亲阅修订，完成于一九九五年十二月四日）

# 第四篇

# 心经异译

## 一、《摩诃般若波罗蜜大明咒经》

姚秦．天竺三藏鸠摩罗什译

观世音菩萨，行深般若波罗蜜时，照见五阴空，度一切苦厄。舍利弗！色空故无恼坏相，受空故无受相，想空故无知相，行空故无作相，识空故无觉相。何以故？舍利弗！非色异空，非空异色；色即是空，空即是色；受、想、行、识，亦如是。舍利弗！是诸法空相，不生不灭，不垢不净，不增不减。是空法，非过去、非未来、非现在。是故空中无色，无受、想、行、识，无眼、耳、鼻、舌、身、意；无色、声、香、味、触、法；无眼界，乃至无意识界。无无明，亦无无明尽；乃至无老死，无老死尽。无苦、集、灭、道。无智亦无得。以无所得故，菩萨依般若波罗蜜故，心无罣碍；无罣碍故，无有恐怖，离一切颠倒梦想苦恼，究竟涅槃。三世诸佛依般若波罗蜜故，得阿耨多罗三藐三菩提。故知般若波罗蜜，是大明咒，无上明咒，无等等明咒，能除一切苦，真实不虚。故说般若波罗蜜咒，即说咒曰：

揭帝，揭帝，波罗揭帝，波罗僧揭帝，菩提僧莎呵。

《摩诃般若波罗蜜大明咒经》

（《大正藏》第八册八四七页下）

# 二、《般若波罗蜜多心经》

（梵文 *Prajñāpāramitā hṛdaya*）

唐．三藏法师玄奘译

观自在菩萨，行深般若波罗蜜多时，照见五蕴皆空，度一切苦厄。舍利子！色不异空，空不异色；色即是空，空即是色；受、想、行、识，亦复如是。舍利子！是诸法空相，不生不灭，不垢不净，不增不减。是故空中无色，无受、想、行、识。无眼、耳、鼻、舌、身、意；无色、声、香、味、触、法；无眼界，乃至无意识界。无无明，亦无无明尽；乃至无老死，亦无老死尽。无苦、集、灭、道。无智亦无得。以无所得故，菩提萨埵，依般若波罗蜜多故，心无罣碍；无罣碍故，无有恐怖，远离颠倒梦想，究竟涅槃。三世诸佛，依般若波罗蜜多故，得阿耨多罗三藐三菩提。故知般若波罗蜜多，是大神咒，是大明咒，是无上咒，是无等等咒；能除一切苦，真实不虚。故说般若波罗蜜多咒，即说咒曰：

揭帝，揭帝，般罗揭帝，般罗僧揭帝，菩提僧莎诃。

（梵语咒文）Gate gate pāragate pārasaṃgate bodhi svāhā.

《般若波罗蜜多心经》

（《大正藏》第八册八四八页下）

# 三、《普遍智藏般若波罗蜜多心经》

唐．摩竭提国三藏沙门法月重译

　　如是我闻，一时佛在王舍大城灵鹫山中，与大比丘众满百千人，菩萨摩诃萨七万七千人俱，其名曰观世音菩萨、文殊师利菩萨、弥勒菩萨等，以为上首。皆得三昧总持，住不思议解脱。

　　尔时观自在菩萨摩诃萨，在彼敷坐，于其众中，即从座起，诣世尊所，面向合掌曲躬恭敬，瞻仰尊颜而白佛言："世尊！我欲于此会中，说诸菩萨普遍智藏般若波罗蜜多心，唯愿世尊，听我所说，为诸菩萨宣秘法要。"

　　尔时世尊，以妙梵音，告观自在菩萨摩诃萨言："善哉善哉，具大悲者！听汝所说，与诸众生，作大光明。"

　　于是观自在菩萨摩诃萨蒙佛听许，佛所护念，入于慧光三昧正受。入此定已，以三昧力，行深般若波罗蜜多时，照见五蕴自性皆空，彼了知五蕴自性皆空。从彼三昧安详而起，即告慧命舍利弗言："善男子！菩萨有般若波罗蜜多心，名普遍智藏，汝今谛听，善思念之，吾当为汝分别解说。"作是语已。

慧命舍利弗，白观自在菩萨摩诃萨言："唯大净者，愿为说之，今正是时。"于斯告舍利弗："诸菩萨摩诃萨应如是学，色性是空，空性是色；色不异空，空不异色；色即是空，空即是色；受、想、行、识，亦复如是。识性是空，空性是识；识不异空，空不异识；识即是空，空即是识。舍利子！是诸法空相，不生不灭，不垢不净，不增不减。是故空中无色，无受、想、行、识。无眼、耳、鼻、舌、身、意；无色、声、香、味、触、法，无眼界，乃至无意识界。无无明，亦无无明尽；乃至无老死，亦无老死尽。无苦、集、灭、道。无智亦无得。以无所得故，菩提萨埵，依般若波罗蜜多故，心无罣碍；无罣碍故，无有恐怖，远离颠倒梦想，究竟涅槃。三世诸佛，依般若波罗蜜多故，得阿耨多罗三藐三菩提。故知般若波罗蜜多，是大神咒，是大明咒，是无上咒，是无等等咒，能除一切苦，真实不虚。故说般若波罗蜜多咒，即说咒曰：揭谛揭谛，波罗揭谛，波罗僧揭谛，菩提莎婆诃。"

佛说是经已，诸比丘及菩萨众，一切世间天人、阿修罗、乾闼婆等，闻佛所说，皆大欢喜，信受奉行。

《普遍智藏般若波罗蜜多心经》

（《大正藏》第八册八四九页上至中）

# 四、《般若波罗蜜多心经》

唐．罽宾国三藏般若共利言等译

如是我闻，一时佛在王舍城耆阇崛山中，与大比丘众及菩萨众俱。时佛世尊，即入三昧，名广大甚深。尔时众中有菩萨摩诃萨，名观自在，行深般若波罗蜜多时，照见五蕴皆空，离诸苦厄。即时舍利弗，承佛威力，合掌恭敬，白观自在菩萨摩诃萨言："善男子！若有欲学甚深般若波罗蜜多行者，云何修行？"如是问已。

尔时观自在菩萨摩诃萨告具寿舍利弗言："舍利子！若善男子、善女人，行甚深般若波罗蜜多行时，应观五蕴性空。舍利子！色不异空，空不异色；色即是空，空即是色；受、想、行、识，亦复如是。舍利子！是诸法空相，不生不灭，不垢不净，不增不减。是故空中无色，无受、想、行、识。无眼、耳、鼻、舌、身、意；无色、声、香、味、触、法；无眼界，乃至无意识界。无无明，亦无无明尽；乃至无老死，亦无老死尽。无苦、集、灭、道。无智亦无得。以无所得故，菩提萨埵，依般若波罗蜜多故，心无罣碍；无罣碍故，无有恐怖，远离颠倒梦想，究竟涅槃。三世诸佛，依般若波罗蜜多故，得阿耨多罗三藐三菩提。故知般若波罗蜜多，是大神咒，是大明咒，是无上咒，是无等等咒，能除一切苦，真实不虚。故说般若波罗蜜多咒，即说咒曰：

蘗谛，蘗谛，波罗蘗谛，波罗僧蘗谛，菩提娑婆诃。"

"如是舍利弗！诸菩萨摩诃萨于甚深般若波罗蜜多行，应如是行。"如是说已。

即时世尊从广大甚深三摩地起，赞观自在菩萨摩诃萨言："善哉善哉，善男子！如是如是，如汝所说。甚深般若波罗蜜多行，应如是行。如是行时，一切如来皆悉随喜。"

尔时世尊说是语已，具寿舍利弗大喜充遍，观自在菩萨摩诃萨亦大欢喜。时彼众会，天人、阿修罗、乾闼婆等，闻佛所说，皆大欢喜，信受奉行。

《般若波罗蜜多心经》

（《大正藏》第八册八四九页中至八五〇页上）

# 五、《般若波罗蜜多心经》

唐．上都大兴善寺三藏沙门智慧轮奉诏译

如是我闻，一时薄誐梵，住王舍城鹫峰山中，与大苾刍众，及大菩萨众俱。尔时世尊，入三摩地，名广大甚深照见。时众中有一菩萨摩诃萨，名观世音自在，行甚深般若波罗蜜多行时，照见五蕴自性皆空。即时具寿舍利子，承佛威神，合掌恭敬，白观世音自在菩萨摩诃萨言："圣者！若有欲学甚深般若波罗蜜多行，云何修行？"如是问已。

尔时观世音自在菩萨摩诃萨，告具寿舍利子言："舍利子！若有善男子、善女人，行甚深般若波罗蜜多行时，应照见五蕴自性皆空，离诸苦厄。舍利子！色空，空性见色。色不异空，空不异色；是色即空，是空即色；受、想、行、识，亦复如是。舍利子！是诸法性相空，不生不灭，不垢不净，不减不增。是故空中无色，无受、想、行、识。无眼、耳、鼻、舌、身、意；无色、声、香、味、触、法；无眼界，乃至无意识界。无无明，亦无无明尽；乃至无老死尽。无苦、集、灭、道。无智证无得。以无所得故，菩提萨埵，依般若波罗蜜多住，心无障碍。心无障碍故，无有恐怖，远离颠倒梦想，究竟寂然。三世诸佛，依般若波罗蜜多故，得阿耨多罗三藐三菩提，现成正觉。故知般若波罗蜜多，是大真言，是大明真言，是无上真言，是无等等真言，能除一切苦，真实不虚。故说般若波罗蜜多真言，即说真言：

唵，誐帝，誐帝，播啰誐帝，播啰散誐帝，冒地娑缚贺。"

"如是舍利子！诸菩萨摩诃萨，于甚深般若波罗蜜多行，应如是学。"

尔时世尊，从三摩地安祥而起，赞观世音自在菩萨摩诃萨言："善哉善哉，善男子！如是如是，如汝所说。甚深般若波罗蜜多行，应如是行。如是行时，一切如来，悉皆随喜。"尔时世尊如是说已，具寿舍利子，观世音自在菩萨及彼众会一切世间天人、阿苏啰、巘驮嚩等，闻佛所说，皆大欢喜，信受奉行。

《般若波罗蜜多心经》

（《大正藏》第八册八五〇页上至中）

# 六、《佛说圣佛母般若波罗蜜多经》

宋. 西天译经三藏朝奉大夫试光禄卿传法大师赐
紫臣施护奉诏译

如是我闻，一时世尊，在王舍城鹫峰山中，与大苾刍众千二百五十人俱，并诸菩萨摩诃萨众，而共围绕。

尔时世尊，即入甚深光明，宣说正法三摩地。时观自在菩萨摩诃萨在佛会中；而此菩萨摩诃萨，已能修行甚深般若波罗蜜多，观见五蕴自性皆空。尔时尊者舍利子，承佛威神，前白观自在菩萨摩诃萨言："若善男子、善女人，于此甚深般若波罗蜜多法门，乐欲修学者，当云何学？"

时观自在菩萨摩诃萨，告尊者舍利子言："汝今谛听，为汝宣说。若善男子、善女人，乐欲修学此甚深般若波罗蜜多法门者，当观五蕴自性皆空。何名五蕴自性空耶？所谓即色是空，即空是色；色无异于空，空无异于色；受、想、行、识，亦复如是。舍利子！此一切法，如是空相，无所生，无所灭；无垢染，无清净；无增长，无损减。舍

利子！是故空中无色，无受、想、行、识。无眼、
耳、鼻、舌、身、意；无色、声、香、味、触、
法；无眼界，无眼识界，乃至无意界，无意识界。
无无明，无无明尽；乃至无老死，亦无老死尽。无
苦、集、灭、道。无智，无所得，亦无无得。舍利
子！由是无得故，菩萨摩诃萨，依般若波罗蜜多相
应行故，心无所着，亦无罣碍；以无着无碍故，无
有恐怖，远离一切颠倒妄想，究竟圆寂。所有三世
诸佛，依此般若波罗蜜多故，得阿耨多罗三藐三菩
提。是故应知，般若波罗蜜多，是广大明，是无上
明，是无等等明，而能息除一切苦恼，是即真实，
无虚妄法。诸修学者，当如是学。我今宣说般若波
罗蜜多大明曰：

恒饨他，唵，誐帝，誐帝，播啰誐帝，播啰僧
誐帝，冒提莎贺。"

"舍利子！诸菩萨摩诃萨，若能诵是般若波罗蜜
多明句，是即修学甚深般若波罗蜜多。"

尔时世尊，从三摩地安详而起，赞观自在菩萨
摩诃萨言："善哉善哉！善男子，如汝所说，如是
如是。般若波罗蜜多，当如是学。是即真实最上究

竟，一切如来亦皆随喜。"

佛说此经已，观自在菩萨摩诃萨，并诸苾刍，及至世间天人、阿修罗、乾闼婆等，一切大众，闻佛所说，皆大欢喜，信受奉行。

《佛说圣佛母般若波罗蜜多经》

（《大正藏》第八册八五二页中至下）

# 七、《般若波罗蜜多心经》（敦煌石室本）

唐. 国大德三藏法师沙门法成译

如是我闻，一时薄伽梵，住王舍城鹫峰山中，与大苾刍众，及诸菩萨摩诃萨俱。尔时世尊等入甚深明了三摩地法之异门。

复于尔时，观自在菩萨摩诃萨，行深般若波罗蜜多时，观察照见五蕴体性，悉皆是空。

时具寿舍利子，承佛威力，白圣者观自在菩萨摩诃萨曰："若善男子，欲修行甚深般若波罗蜜多者，复当云何修学？"作是语已。

观自在菩萨摩诃萨，答具寿舍利子言："若善男子及善女人，欲修行甚深般若波罗蜜多者，彼应如是观察：五蕴体性皆空，色即是空，空即是色；色不异空，空不异色；如是受、想、行、识，亦复皆空。是故舍利子！一切法空性，无相、无生、无灭、无垢离垢，无减无增。舍利子！是故尔时，空性之中，无色、无受、无想、无行、亦无有识。无眼、无耳、无鼻、无舌、无身、无意；无色、无声、无香、无味、无触、无法；无眼界，乃至无意识界。无无明，亦无无明尽；乃至无老死，亦无老死尽。无苦、集、灭、道。无智无得，亦无不得。是故舍利子！以无所得故，诸菩萨众，依止般若波罗蜜多，心无障碍，无有恐怖，超过颠倒，究竟涅槃。三世一切诸佛，亦皆依般若波罗蜜多故，证得无上正等菩提。舍利子！是故当知般若波罗蜜多大蜜咒者，是大明咒，是无上咒，是无等等咒，能除一切诸苦之咒，真实无倒。故知般若波罗蜜多，是秘密咒，即说般若波罗蜜多咒曰：哉帝，哉帝，波啰哉帝，波啰僧哉帝，菩提莎诃。"

"舍利子！菩萨摩诃萨，应如是修学甚深般若波罗蜜多。"

尔时世尊从彼定起，告圣者观自在菩萨摩诃萨曰："善哉善哉，善男子！如是如是，如汝所说。彼当如是修学般若波罗蜜多，一切如来，亦当随喜。"

时薄伽梵说是语已，具寿舍利子，圣者观自在菩萨摩诃萨，一切世间天人、阿苏罗、乾闼婆等，闻佛所说，皆大欢喜，信受奉行。

《般若波罗蜜多心经》

（《大正藏》第八册八五〇页中至八五一页上）

# 八、《摩诃般若波罗蜜经》卷一
## 〈习应品〉节录

后秦·鸠摩罗什译

舍利弗白佛言："世尊！菩萨摩诃萨云何习应般若波罗蜜，与般若波罗蜜相应？"佛告舍利弗："菩萨摩诃萨习应色空，是名与般若波罗蜜相应；习应受、想、行、识空，是名与般若波罗蜜相应。复次舍利弗！菩萨摩诃萨习应眼空，是名与般若波罗蜜相应；习应耳、鼻、舌、身、心空，是名与般若波罗蜜相应；习应色空，是名与般若波罗蜜相应。习应声、香、味、触、法空，是名与般若波罗蜜相应；习应眼界空、色界空、眼识界空，是名与般若波罗蜜相应；习应耳声识、鼻香识、舌味识、身触识、意法识界空，是名与般若波罗蜜相应。习应苦空，是名与般若波罗蜜相应；习应集、灭、道空，是名与般若波罗蜜相应。习应无明空，是名与般若波罗蜜相应；习应行、识、名色、六入、触、受、爱、取、有、生、老死空，是名与般若波罗蜜相应。习应一切诸法空，若有为、若无为，是名与般若波罗蜜相应。复次舍利弗！菩萨摩诃萨习应性空，是名与般若波罗蜜相应。如是舍利弗！菩萨摩诃萨行般若波罗蜜，习应七空，所谓性空、自相空、诸法空、无所得空、无法空、有法空、无法有法空，是名与般若波罗蜜相应。"佛告舍利弗："菩萨摩诃萨习应七空时，不见色，若相应若不相应。不见受、想、行、识，若相应若不相应；不见色，若生相、若灭相。不见受、想、行、识，若生相、若灭相；不见色，若垢相、若净相。不见受、想、行、识，若垢相、若净相。不见色与受合，不见受与想合，不见想与行合，不见行与识合。何以故？无有法与法合者，其性空故。舍利弗！色空中无有色，受、想、行、识空中无有识。舍利弗！色空故无恼坏相，受空故无受相，想空故无知相，行空故无作相，识空故无觉相。何以故？舍利弗！色不异空，空不异色；色即是空，空即是色；受、想、行、识亦如是。舍利弗！是诸法空相，不生不灭，不垢不净，不增不减。是空法，非过去、非未来、非现在。是故空中无色，无受、想、行、识；无眼、耳、鼻、舌、身、意；无色、声、香、味、触、法；无眼界，乃至无意识界。亦无无明，亦无无明尽；乃至亦无老死，亦无老死尽。无苦、集、灭、道；亦无智亦无得；亦无须陀洹、无须陀洹果，无斯陀含、无斯陀含果，无阿那含、无阿那含果，无阿罗汉、无阿罗汉果，无辟支佛、无辟支佛道，无佛、亦无佛道。舍利弗！菩萨摩诃萨如是习应，是名与般若波罗蜜相应。"

（《大正藏》第八册二二二页下至二二三页上）

# 九、《大般若波罗蜜多经》卷四初分〈学观品〉第二之二节录

唐．玄奘译

尔时舍利子白佛言："世尊！云何菩萨摩诃萨应行般若波罗蜜多？"佛告具寿舍利子言："舍利子！菩萨摩诃萨修行般若波罗蜜多时，应如是观：实有菩萨，不见有菩萨，不见菩萨名；不见般若波罗蜜多，不见般若波罗蜜多名。不见行，不见不行。何以故？舍利子！菩萨自性空，菩萨名空。所以者何？色自性空，不由空故，色空非色；色不离空，空不离色；色即是空，空即是色。受、想、行、识自性空，不由空故，受、想、行、识空，非受、想、行、识；受、想、行、识不离空，空不离受、想、行、识；受、想、行、识即是空，空即是受、想、行、识。何以故？舍利子！此但有名，谓为菩提；此但有名，谓为萨埵；此但有名，谓为菩提萨埵；此但有名，谓之为空；此但有名，谓之为色、受、想、行、识。如是自性，无生、无灭、无染、无净。菩萨摩诃萨，如是行般若波罗蜜多，不见生

不见灭，不见染不见净。何以故？但假立客名，别别于法而起分别；假立客名，随起言说，如如言说，如是如是生起执着。菩萨摩诃萨修行般若波罗蜜多时，于如是等一切不见，由不见故不生执着。"

"复次舍利子！诸菩萨摩诃萨修行般若波罗蜜多时，应如是观：菩萨但有名，佛但有名，般若波罗蜜多但有名；色但有名，受、想、行、识但有名；眼处但有名，耳、鼻、舌、身、意处但有名；色处但有名，声、香、味、触、法处但有名；眼界但有名，耳、鼻、舌、身、意界但有名；色界但有名，声、香、味、触、法界但有名；眼识界但有名，耳、鼻、舌、身、意识界但有名；眼触但有名，耳、鼻、舌、身、意触但有名；眼触为缘所生诸受但有名；耳、鼻、舌、身、意触为缘所生诸受但有名；地界但有名，水、火、风、空、识界但有名；因缘但有名，等无间缘、所缘缘、增上缘但有名；从缘所生诸法但有名；无明但有名，行、识、名色、六处、触、受、爱、取、有、生、老死，愁叹苦忧恼但有名。"

（《大正藏》第五册十七页中至十八页上）

# 十、《大般若波罗蜜多经》卷四〇三第二分〈观照品〉第三之二节录

唐. 玄奘译

"舍利子！诸色空，彼非色。诸受、想、行、识空，彼非受、想、行、识。何以故？舍利子！诸色空，彼非变碍相；诸受空，彼非领纳相；诸想空，彼非取像相；诸行空，彼非造作相；诸识空，彼非了别相。何以故？舍利子！色不异空，空不异色；色即是空，空即是色。受、想、行、识不异空，空不异受、想、行、识；受、想、行、识即是空，空即是受、想、行、识。

舍利子！是诸法空相，不生不灭，不染不净，不增不减；非过去，非未来，非现在。如是空中无色，无受、想、行、识；无眼处，无耳、鼻、舌、身、意处；无色处，无声、香、味、触、法处；无眼界、色界、眼识界，无耳界、声界、耳识界，无鼻界、香界、鼻识界，无舌界、味界、舌识界，无身界、触界、身识界，无意界、法界、意识界。无无明亦无无明灭，乃至无老死愁叹苦忧恼，亦无老

死愁叹苦忧恼灭；无苦圣谛，无集、灭、道圣谛；无得，无现观；无预流，无预流果；无一来，无一来果；无不还，无不还果；无阿罗汉，无阿罗汉果；无独觉，无独觉菩提；无菩萨，无菩萨行；无正等觉，无正等觉菩提。

舍利子！修行般若波罗蜜多菩萨摩诃萨，与如是法相应故，应言与般若波罗蜜多相应。

复次，舍利子！修行般若波罗蜜多菩萨摩诃萨，不见布施波罗蜜多，若相应若不相应；不见净戒、安忍、精进、静虑、般若波罗蜜多，若相应若不相应；不见色，若相应若不相应；不见受、想、行、识，若相应若不相应；不见眼处，若相应若不相应；不见耳、鼻、舌、身、意处，若相应若不相应；不见色处，若相应若不相应；不见声、香、味、触、法处，若相应若不相应；不见眼界、色界、眼识界，若相应若不相应；不见耳界、声界、耳识界，若相应若不相应；不见鼻界、香界、鼻识界，若相应若不相应；不见舌界、味界、舌识界，若相应若不相应；不见身界、触界、身识界，若相应若不相应；不见意界、法界、意识界，若相应若

不相应；不见四念住，若相应若不相应；不见四正
断、四神足、五根、五力、七等觉支、八圣道支，
若相应若不相应；不见佛十力，若相应若不相应；
不见四无所畏、四无碍解、大慈、大悲、大喜、大
舍、十八佛不共法、一切智、道相智、一切相智，
若相应若不相应。舍利子！修行般若波罗蜜多菩萨
摩诃萨，与如是法相应故，应言与般若波罗蜜多相
应。"

（《大正藏》第七册十四页上至十四页中）

现代经典 ①

# 心的经典——心经新释
Commentaries on the Heart Sutra

| | |
|---|---|
| 著者 | 圣严法师 |
| 出版 | 法鼓文化 |
| 总审订 | 释果毅 |
| 总监 | 释果贤 |
| 总编辑 | 陈重光 |
| 责任编辑 | 李金瑛、杨仁惠、李书仪 |
| 封面设计 | 黄圣文 |
| 内页美编 | 小工 |
| 地址 | 台北市北投区公馆路186号5楼 |
| 电话 | (02)2893-4646 |
| 传真 | (02)2896-0731 |
| 网址 | http://www.ddc.com.tw |
| E-mail | market@ddc.com.tw |
| 读者服务专线 | (02)2896-1600 |
| 简体版初版一刷 | 2018年11月 |
| 建议售价 | 新台币220元 |
| 邮拨账号 | 50013371 |
| 户名 | 财团法人法鼓山文教基金会—法鼓文化 |
| 北美经销处 | 纽约东初禅寺 |
| | Chan Meditation Center (New York, USA) |
| | Tel: (718)592-6593  Fax: (718)592-0717 |

法鼓文化

**国家图书馆出版品预行编目(CIP)资料**

心的经典：心经新释 / 圣严法师著. -- 初版. --
台北市：法鼓文化, 2018.11
面； 公分
简体字版
ISBN 978-957-598-796-1(平装)

1.般若部

45                                    107018285